# A GUERRA DOS ESPÍRITOS

R.I.SILVA

Capa e ilustrações: Rigsil.
Editoração gráfica: Eduardo Silva.

**A GUERRA DOS ESPÍRITOS**

**R.I.SILVA**

Edição:
Renig-Editora e Assessoria Publicitária.
Distribuição:
Catavento Distribuidora de Livros.
Rua Conselheiro Ramalho, 928. - Cep. 01325-000 - São Paulo - SP. - Caixa Postal 594. - Fone: (011) 289-0811. Fax: (011) 251-3756. E-mail: catavento@uol.com.br
Site:www.cataventodistribuidora.com.br
Autor: rigsil@ig.com.br - Editora: renig.edi@ig.com.br

SUMÁRIO

# A GUERRA DOS ESPÍRITOS

R. I. SILVA

O cenário é a Amazônia espanhola de hoje.
Personagens apenas dois:
velho índio analfabeto, puro de sentimento
e jovem padre curioso, ambicioso...
Às voltas com batalhas travadas num passado
longínquo e duelos romano-incaicos,
por espíritos inconformados com a atualidade...

## O INCA REDIVIVO

Naquele trecho de ambiente sombrio, o céu mostrava-se cor de chumbo encobrindo a planície árida, semeada de pedras, a terra nua. Ao longe frias montanhas andinas com seus altos cobertos de neve misturavam-se no que restava de azul profundo. Distante, como perdido na imensidão, um condor descrevia giros no ar, reforçado de grito solitário e penetrante.

Tudo quanto o olhar divisava respirava paz...

O jovem Andoni, frade da ordem de São Francisco, dentro de sandália gasta e surrada batina com capuz, mostrava-se disposto. De origem italiana, pele clara, acariciando a espessa barba preta, mais que franco e decidido, não vacilava para dar recado aos comodistas:

—Deus não é empregado de suas criaturas...

Dentro de seus sermões procurava animar os desiludidos, aqueles fatalistas que afirmavam "o que tem de ser, é, porque assim está escrito", achando que Deus tinha que resolver todos os problemas existentes na Terra. Não dava folga aos desanimados.

Sempre contando a história de que durante uma enchente, um índio estava sentado no telhado da casa, com água já lhe chegando aos pés. Pouco depois, um homem numa canoa passou remando e gritou:

—Quer uma carona até um lugar mais alto?

—Não, obrigado. — Respondeu o nativo. — Tenho fé no Senhor e ele não me faltará. Vai me salvar, com certeza...

Em pouco tempo a água já subia pela cintura da imóvel criatura. Nessa altura passou uma lancha e alguém gritou:

—Você ai! Quer uma carona até um lugar mais elevado?

—Não, obrigado. Confio no Senhor. Ele me salvará.

Posteriormente, passou um helicóptero, e o teimoso índio estava de pé no telhado, com água pelo pescoço.

—Agarre a corda! —Gritou o piloto. —Vou puxar você para cima!...

—Não, obrigado. — Respondeu. — Acredito em Deus e Ele há de me salvar.

Depois de passar muitas horas nadando, o pobre homem, exausto, morreu afogado e foi procurar a sua recompensa celestial. Ao chegar aos portais do Céu, deparou-se com o Criador e queixou-se do que lhe havia acontecido:

—Senhor. — Eu acreditava em Vós e acabei morrendo afogado, o que foi que falhou?

Ao que o Senhor respondeu:

—Está me cobrando o que? Eu lhe mandei um barco, uma lancha e um helicóptero, você é que não aproveitou as oportunidades oferecidas!...

E o frade franciscano explicava aos seus fiéis o moral da história, detalhando que o cristianismo não era escola da ociosidade, pelo contrário.

—Deus está sempre atento e disposto a nos ajudar. Mandando-nos, pelos mais diversos modos, o socorro necessário. Nós é que, muitas vezes, por preguiça e fanatismo, não enxergamos, ou não nos queremos salvar...

O capuchinho Andoni, agora recém-transferido para mais longe, pretendia fugir do frio das montanhas andinas, local distante, tão alto parecendo querer alcançar o céu e de clima caprichoso: **diez meses de invierno y dos de infierno.** Mas infelizmente ele, ainda estava distante do local ideal, onde centenas de córregos de líquido gelado, marulhavam para fora dos pântanos e dos lagos das montanhas, fluiam para uma só direção. Todas as águas largando a bruma procuravam o calor da floresta, dirigindo-se em direção ao rio Amazonas...

Enquanto não chegava lá, o sacerdote italiano iria iniciar a pregação na igreja do pequeno lugarejo. Construção malacabada cor castanha-acinzentada, de barro em deterioração.

No templo quase vazio, não se viam nem as **cholas** (mestiças) com suas saias decorativas e seus chapéus-de-côco, de copa alta, tombados na cabeça. E bebês amarrados às costas, parecendo capas animadas de bules de chá...

De ouvinte, apenas um velho índio de físico seco, pele encarquilhada, escura como casca de árvore, que variava do bronze ao vermelho-amarelado. Curtida no sol e no vento durante anos. Olhos negros e amendoados. Ar desanimado e doentio, roupas mal ajustadas, arco-irisadas de coloridos remendos.

Olhar perdido no horizonte, sentado encolhido na última fila de bancos toscos. Diante do quadro, o sacerdote mostrou-se relutante em iniciar o sermão. O nativo, face sulcada por arabescos de rugas, de bochechas dilatadas, característica dos mascadores das folhas de coca, então iniciou:

—Não posso dizer o que o senhor deve fazer, sou apenas um mísero pastor. Mas se eu fosse alimentar minhas ovelhas e somente uma aparecesse, eu seria um estúpido se não desse de comer a ela... — Tirou algumas longas baforadas do cachimbo sarrento.

Ouvindo isso o pároco agradeceu e começou a instrução religiosa, fazendo um longo sermão. Quando terminou, perguntou se o nativo, havia gostado e ouviu a seguinte resposta:

—Não sei muita coisa sobre sermões. Sou apenas um velho peão **chollo**, calçando **ojotas** (sandálias de palha fabricadas por ele próprio) mas se eu fosse alimentar minhas ovelhas e só uma aparecesse, eu seria estúpido se desse toda a comida a ela...

Fez-se um súbito silêncio.

O franciscano Andoni pigarreou. Disfarçou, enguliu em seco a lição e chamou o estranho para conversar. Iniciou a pergunta afetuosamente. E incisiva, marcando bem as sílabas:

—Seu nome?

—Pachacuti...

Com sorriso orgulhoso mostrou os caninos de ouro. O índio esticou a mão enrugada e deu um flácido aperto. Operação desajeitadamente praticada, como se estivesse emprestando-a ao religioso. Deixando a mostra dentes manchados num inexpressivo sorriso de saudação...

No meio do diálogo o padre explicou que precisava de alguém que o ajudasse nos afazeres da paróquia. E foi mais além, convidou o idoso para ajudá-lo. Enumerou as tarefas:

—Pequenos serviços. Anotar os nomes das pessoas que serão casadas, batisadas, crismadas. Coisas assim. Qual o seu grau de instrução?

—Zero. Sou analfabeto. — Recostou-se no banco de madeira. — Não sirvo para sacristão e nem para ajudante de coroinha. Trabalhar aqui, só se for para varrer a igreja. Não poderei fazer outra coisa. — Explicou o franco nativo.

—Não é possível...

Meia hora depois estavam conversando, com o franciscano quase só escutando o índio que percebera, tinha herdado a crença em espíritos. O modesto Pachacuti, como um arauto do passado, especializado na vida dos incas (tribo dominante no Peru, na época da conquista espanhola), citava passagens, episódios, participava de aventuras, com realidade de pasmar. Pronunciava nomes, comentava fatos, como se tivesse vivido aqueles momentos históricos tão distantes...

—Fui **capac** (que significa falcão, em língua aimará. Totem dos incas) um chefe...

Ligeiramente embriagado pela aguardente de milho, que ele chamava de **chicha**, o silvícola mesmo preparava a bebida como no tempo que citava: obtida pela maceração, após mastigação dos grãos. Mantinha o **llauto**, um diadema formado de uma faixa de pano enrolado três vezes em volta da cabeça, onde prendia o que chamava de **mascapaicha**: enfeite feito de fios dourados, a insígnia da realeza e da majestade inca...

Mais do que nunca, o vigário limitou-se a escutar sem interferência, aquele que dizia ser o inca **capac** (reinante) em tudo o que ele dizia. Ligeiro demais para a idade que aparentava. Em todos os movimentos, mostrava-se ágil como um puma de olhos de rubi.

—Em outra encarnação fui o príncipe Yupanqui Pachacutec — o reformador inca. Já ouviu falar?

—Não. — Titubeou ao responder Andoni, impressionado com a maluquice do velhote analfabeto e criativo demais. De onde tirara aquelas esquisitices que contava com tanta convicção?

—Pachacutec ou Pachacuti, se o senhor não sabe, significa: aquele que recuperou o país. Fui o quarto filho do Inca Viracocha. Jovem, subi ao trono numa época em que o território de Cuzco se achava ameaçado. Os chancas, tribo guerreira moradora a oeste de Cuzco e cujos chefes tinham nomes aimarás, exerciam forte pressão sobre a capital inca, mal defendida e mal fortificada.

O conselho dos anciões recomendou ao velho Viracocha que se retirasse para Caquia, povoação situada na planície de Xaquixaguana, e que entregasse a chefia dos exércitos para mim. Antes de aceitar, submeti-me a exercícios religiosos e entreguei-me a severos jejuns no santuário de Susurpuquio, edificado junto de uma fonte.

Ali, durante uma piedosa meditação, um deus aureolado de luz apareceu-me, orientando-me a travar batalhas, depois de me haver dado um espelho, no qual eu via as províncias que iria conquistar. Nunca separei-me desse objeto mágico, tanto em tempo de guerra como na paz. E é esse objeto querido e importante que espero recuperar nesta encarnação...

Foi brutal o choque das duas tropas. Os chancas utilizavam longas lanças e os incas, mais móveis, se serviam de clavas, machados de guerra, fundas, arcos e flechas. À frente de tropa de guerreiros especialmente escolhidos, consegui, num ataque de surpresa, tomar o emblema tribal do inimigo. Esse ato provocou a derrota dos chancas, que fugiram desordenadamente. Após essa vitória, que afastou o perigo que ameaçava a capital inca, entregaram-me o título de Pachacutec. Um dos inimigos em fuga levou a mensagem: "Volta para junto de teu senhor, meu irmão, e dize-lhe isto, o Inca Yupanqui é o filho do Sol e o guardião de Cuzco, a cidade de Ticsi Viracocha Pachayachachi"...

Os sacerdotes e os nobres sairam do santuário e cairam aos meus pés prestando-me toda homenagem:

—**Capac Inca**! **Intip Churin**! (Mestre Supremo! Filho do Sol!)...

O **Villac Umu**, o pontífice, trouxe o importante **llauto** (turbante formado de uma faixa de tecido de lã, igual ao que o nativo usava) recoberto de ouro e esmeralda, símbolo de poder e majestade, e coroou o novo todo poderoso.

Todos os assistentes se lançaram de joelhos e exclamaram, em altos brados:

—**Intip Churin**, **Inca Pachacutec**! **Hailla, hailla**! **Haicha, haicha**! (Filho do Sol, Inca Pachacutec! Viva, viva! Salve, salve!)...

O novo reinado foi inaugurado com o sacrifício de um rapaz e uma jovem, imolados de conformidade com o rito sagrado e imemorial, e os festejos se sucederam durante semanas. Alternavam-se hinos e danças ritmadas e as cerimônias terminaram (como invariavelmente) em orgias abomináveis...

Yupanqui Pachacutec entrou na História como salvador do reino inca, reformador religioso e grande edificador. O índio amazônico Pachacuti, que dizia ser a reencarnação do príncipe inca, até aquela idade, já um velhote e ainda analfabeto, apesar de seguir um ritual centenário e submeter-se a exercícios religiosos entregando-se a severos jejuns nos santuários feitos por ele mesmo, até ali não havia feito nada de relevante...

Já no rancho, o nativo afastou o bumbo e apanhou a flauta de bambu para o toque antes de dormir. O rústico instrumento musical, assim como o tambor, estavam enfeitados por estranha decoração. Seria feito da pele de inimigo morto utilizado para guarnecer os tambores incas? Fato que naquela época tinha um valor simbólico: o defunto colocava-se a serviço do vencedor...

Seu último pensamento foi lembrar-se de um antigo conselho incaico: quando observassem que estrangeiros, homens de pele branca e barbados, se aproximassem, deviam lançar seus tesouros longamente acumulados, nas águas do lago. Mas que tesouros o pobre Pachacuti possuia?

Apesar dos incas já fazerem uso do dinheiro desde uns cinco séculos para cá, o comércio daquele homem simples se processava por barganhas. Trocar era sua técnica comercial. O espelho-mágico no qual na outra vida ele via suas conquistas, nesta existência por mais que o procurasse nunca havia encontrado. De seu mesmo e de algum valor para ele, apenas uma pequena pedra contendo um desenho de vários losangos interligados em círculos.

Ali sim residiam toda a diversão, instrução e aprendizado. A verdadeira razão de sua vida...

## VISÃO DO ESPANTO

Na madrugada do dia seguinte, na magnitude da escuridão, com o vento ainda rugindo e trazendo consigo fiapos de neve das montanhas, o padre italiano Andoni não se conformava. Capuz cobrindo a cabeça, todo agasalhado, coçando a densa barba preta, intrigado ao extremo, foi visitar o pacato índio Pachacuti, com o problema na cabeça: como um analfabeto, por mais vivência acumulada que tivesse, poderia saber tanto? Quem transmitira ao inculto perdido naquele deserto de pedras, tudo aquilo que ele contava com tanta convicção? Um inca que voltara à vida era hipótese totalmente descabida. Iria contra tudo que o religioso europeu estudara...

No campo algumas ovelhas e na roça milho e batata. Até a plantação era incaica. O nativo sentado em banco de pedra, enrolado num rústico casaco forrado de pele de carneiro, barrete feito de malha, puxado por sobre as orelhas, fazia uma conta servindo-se de um cordão cheio de nós. Os mesmos denominados **quipos** e usados pelos famosos incas do passado?

Na entrada da choça indígena coberta com o vegetal **ichu** que revestia a planície, a fumaça cor azul pálida anunciava fogo aceso para o chá de coca, afim de espantar o **soroche** — o mal da montanha. E em cima da porta trazia a mensagem escrita em garranchos:

"Como um lírio dos campos nasci,
como um lírio cresci.
Mas o tempo passou,
a velhice chegou,
o meu corpo secou,
e morri"...

— Quem escreveu isso, se você é analfabeto?

Indagou intrigado o franciscano.

—Yupanqui Pachacutec, muitos anos atrás...

Respondeu secamente o índio, faces deformadas pela mascadura da coca. O sabor amargo do arbusto tóxico agia como estimulante. Imunizava contra a fome e as privações. O vício prejudicial ao organismo, ajudava-o a suportar a fadiga do dia-a-dia, em contrapartida favorecia-lhe a apatia e o fatalismo. E contra os males das montanhas ainda tomava chá das folhas...

—Quem lhe contou essas coisas sobre os incas? — Perguntou tomado de voraz curiosidade.

—Ninguém. Eu vivi... — Exclamou.

Diante da inesperada visita (sem receber convite), e percebendo que o pároco estava disposto a saber de mais, enquanto o nativo pouco a falar, o homem emudeceu de vez. Vasculhou um cesto onde guardava folhas de coca, apanhou um instrumento musical jogado num canto e passou a ruflar o tambor. Parecendo querer disfarçar.

Andoni resolveu destravar a língua do solitário convidando-o a beber.

—Não há nada aqui para se comemorar este encontro? — Disse em voz alta.

—Apenas **chicha**. Se quiser...— Murmurou Pachacuti em resposta.

—Está ótimo, vamos à generosa bebida, desde que você me acompanhe nesta deliciosa cerveja de milho.

Duas canecas foram enchidas até quase a boca, pelo anfitrião. O índio nervoso bebeu quase de uma vez a sua parte. Enquanto o religioso deu um gole e prosseguiu na interrogação. Queria a todo custo desvendar o mistério.

Só perguntava enquanto Pachacuti cada vez mais entornava o líquido, pouco respondendo. Paciencioso o padre esperava. Logo ele mesmo prosseguia enchendo a caneca do silvícola. Uma atrás da outra. Não demorou para o homem simples que dizia ter sido um inca lá pelos idos de 1500 ficar de boca mole e língua destravada. Como o sacerdote queria.

Embriagado mas o suficiente para se fazer entendido, o nativo contou o segredo. Tirou de um bau, algo e mostrou ao capuchinho Andoni. Uma pequena pedra onde constava um desenho com a aparência de mandala — forma que representa a harmonia do cosmos e a energia divina...

Uma espécie de diagrama composto de desenhos circulares ou geométricos, onde inter-relacionamentos e inter-dependência estavam sincronizados em torno de um único centro. O descendente de inca olhava bem nesse centro branco do desenho e ia chegando cada vez mais trazendo a pequena pedra para junto de seus olhos, até aparentar penetrar nela e atingir o infinito...

Invejoso, o franciscano não esperou pela reação e o que iria contar o índio sem cultura. Deu mais cerveja ao homem, colocou-o dormindo na cama rústica e apossou-se da pedra mágica. Olhou fixamente no meio do desenho e trouxe para junto dos olhos...

Nela, o passado e o futuro estavam interligados formando um todo — onde o agora era o ponto central. Como ondas concêntricas que se formando na superfície de um lago tranquilo, se expandissem a partir daquela área situada no interior da circunferência. Uma galáxia, um sistema solar, um planeta, um cristal, uma célula eram exemplos vivos e perfeitos das mandalas...

O padre ficou extasiado, de boca aberta. Para ele, até ali mandala nada mais era do que um simples desenho. Embora nas culturas orientais significasse algo mais. Mas agora compreendia o significado mais profundo dela. Dava conta de como aqueles traços poderiam participar da sua vida. Falava sozinho:

—Temos um posicionamento físico (o lugar onde estamos) e um posicionamento subjetivo na consciência (o que pensamos, sentimos e como agimos), que juntos formam um todo inseparável e "mandálico"— o centro é a nossa indentidade. Quando nos perguntamos individualmente: — "Quem sou eu?", estamos exercitando esse centro...

Andoni respirou fundo e prosseguiu:

—A matéria e o espírito formam um todo indissolúvel — a consciência é o centro...

Parou um instante, branco como papel, balbuciou:

—Estou regredindo, entro em outra dimensão. Todo este ambiente diferente; minha roupa! Visto uma toga, um traje romano...É incrível tamanha realidade; as imagens são perfeitas. Pássaros volteando sobre minha cabeça parecem oferecer boa vinda...

O frade franciscano mordeu os lábios:

—Nas ruas agitadas noto canções, bebedeiras e pancadarias. Vejo estranha forma de carroça puxada por touro, entre centuriões, mercadores e escravos. Homens ricos carregados de dinheiro e de insolência. Acompanhados de esposas e amantes, além de servidores portando roupas brancas de linho carregando tendas de luxo. Senadores e mendigos em passadas largas ou moderadas, juntam-se a gladiadores de circo, artesões, lavradores, poetas, atores...

Conversam em latim; alguns mais instruidos comunicam-se em grego. Sinto um cheiro geral enjoativo entre a população. O odor de azeite que os romanos se utilizam para untar a pele, a fim de protegerem-se das queimaduras do frio e do sol...

O rosto de Andoni brilha de suor, seus olhos faiscam:

—Entro numa residência de portas abertas e deparo com pessoas despreocupadas. Glutões e beberrões jogando dados. Lindas mulheres e de costumes livres. Alegres, sem excessivas preocupações de pudor. Untadas de cosméticos, cobertas de jóias, gozando de grande liberdade entre homens de barbas encaracoladas, enfeites nos pulsos e nos dedos. Estendidas sobre vastos sofás ao lado deles comendo e bebendo imoderadamente em taças de metal. Outras tocam flauta ou dançam. Na entrada apalpo objetos, vasos, ânforas, punhais; carne assada de cordeiro, figos. Belisco um queijo, experimento uma taça de vinho exposto com fartura. Acaricio o belo rosto de uma das jovens, toco em suas vestes leves e diáfanas até atingir seu braço morno. Sinto que estou em Roma, mas em que data? Quanto tempo antes de Jesus Cristo? Talvez 2 000, 700, 300 anos?...Meu Deus, que sensação mais absurda!...

E o barbudo capuchinho italiano desmaiou.

Demorou uma meia hora para voltar a si, mas assim mesmo acordou mais rápido do que Pachacuti levou para terminar o efeito da bebedeira em dose cavalar da forte **chicha**, causada por culpa do religioso. O pároco silenciosamente colocou a pedra com o desenho da mandala no lugar e caminhou quieto para que o nativo não acordasse. Inclusive para não perceber que seu segredo fôra revelado.

Andoni fechou o rancho do ermitão sem bater a porta e saiu pensando no momento incrível que vivera. Não usara o vegetal tóxico, a coca. Teria sido efeito dos poucos goles da cerveja de milho aliado ao misterioso desenho da mandala? Não podia ser. A visão tinha sido perfeita demais.

Cabeça descoberta, com o capuz atirado para trás e barba esvoaçando ao vento, contra um céu incrivelmente cinza. Enfiado na vestimenta longa e ampla, com um cordão ao redor da cinta, arrastando gasta sandálias, saiu disposto a voltar. Entrar em contato com sua vida anterior. Viver a experiência novamente, colocando-se dentro dos acontecimentos, com tempo para mais detalhes sobre a palpitante Roma do passado cheia de defeitos e grandezas...

## INÍCIO DA BATALHA

O vento da tarde já adiantada, surgia sibilante e frio. O sol agonizante, mesmo assim ainda batia em cheio nas geleiras. Iluminava os picos cobertos de neve, enquanto as sombras das montanhas se projetavam no vale.

O sacerdote Andoni a partir dali, tendo o corpo aberto para posse de espíritos, mudou completamente de modos. Depois de entrar em contato com a mandala, não era mais o mesmo e a todo custo queria o índio por perto a fim de dominá-lo. Ou melhor ter em suas mãos aquilo que o ingênuo nativo possuia de valor.

Não conseguindo convencê-lo dos dois morarem sob o mesmo teto, apelou para meios desonestos. Aproveitou uma hora em que o pastor foi verificar suas cabras e carneiros, pôs fogo no seu rancho, antes tirando alguns objetos sem valor e o bau com a pedra-mágica de tanto interesse...

Em seguida correu avisar o índio propondo-lhe que fosse morar na igreja, pois dali em diante o pastor nada mais possuia a não ser algumas poucas coisas pessoais que o religioso recuperara: fetos abortados de llama para dar boa sorte, pote contendo gordura de condor contra reumatismo, a flauta, o tambor, um canivete enferrujado, palhas e pedaço de fumo em rolo, um cachimbo sarrento, carretéis de linha de pesca, anzóis, peças de roupas desbotadas e remendadas. Talismãs, fetiches, além de uma pedra com desenho esquisito...

O padre que já dormia num pequeno cômodo anexo a igreja, tratou de montar rapidamente um jirau, onde arrumou improvisada cama encostada na porta principal. Provisoriamente Pachacuti ficaria ali de guarda durante a noite, pois para alguém entrar teria que empurrar sua cama e durante o dia, além do pastoreio de suas ovelhas o homem poderia auxiliar na limpeza do templo.

Sempre arrumando algum serviço para tirar o índio da sua área de ação, o padre Andoni, bíblia numa mão e aguardente na outra, mais consultava a mandala sempre surrupiada do bau, do que cuidava de seus fiéis. Passava dias e dias por seguidas horas voltadas à sua vida anterior, a tudo anotando como num sonho real. Em pouco tempo ficara sabendo mais da era romana com aquela simples pedra, do que todos os seus anos estudando na Itália.

Assuntos populares, como a desprezível expressão **cafono,** a indicar homem frustrado e vulgar derivado das atitudes de um tal cabo Cafo, do exército de César, à **pernacchia** (imitação, feita pela boca, de um ruído fisiológico) — som desrespeitoso e hostil, pelo qual os povos vencidos saudavam os romanos que lhes penetravam as cidades.

Educação, costumes. Que os perigos principiavam no dia do nascimento, pois se a criança nascia do sexo feminino ou com qualquer inferioridade, o pai tinha o direito de jogá-la fora, para deixá-la morrer diante da porta. Era frequente que o fizesse.

Uma criança do sexo masculino, pelo contrátrio, geralmente era bem acolhida. Não somente porque, mais tarde, seu trabalho lhe permitiria vir em auxílio dos pais, mas também por crerem estes que, se não deixassem alguém a tomar conta de seu túmulo e a celebrar no local os sacrifícios de rigor, sua alma não entraria no paraíso...

O recém-nascido homem habitualmente recebia três nomes: o nome individual (Mário, Cláudio, Valério, Fábio, Horácio, Virgílio, Máximo etc) e o da família. As mulheres não levavam senão o nome (Júlia, Lívia, Lucrécia, Cornélia, Servília, Virgínia, Agripina etc) enquanto seus irmãos eram, por exemplo: Marco Túlio Emílio, Públio Júlio Antônio, Caio Tibério Graco.

Com poucos sobrenomes esse bizarro costume foi causa de inúmeras confusões, tornando obrigatório a junção de um quarto ou quinto sobrenome. Por exemplo: o Públio Cornélio Cipião que destruiu Cartago juntou a seu nome, no seu cartão de visita, um "Emílio Africano Menor", a fim de distinguir-se do Públio Cornélio Cipião que vencera Anibal e que juntara, no seu próprio cartão: "Africano Maior".

Para evitar repetições de nomes imponentes...

Os casamentos eram de duas espécies: "com a mão" e "sem a mão". Pela primeira, a mais corrente e a mais completa, o pai da jovem renunciava a todos os direitos sobre a mesma em favor do genro, que se tornava praticamente, o senhor da mulher. Pela segunda opção, que dispensava a cerimônia religiosa, o pai conservava os direitos. O casamento "com a mão" se fazia por **usus**, isto é, após um ano de coabitação dos esposos por **coemptio**, isto é, por compra; ou por **confarreatio**, quando comiam juntos um bolo. Este último casamento se reservava aos patrícios e era exigida cerimônia solene, acompanhada de cortejos e de cânticos.

As duas famílias se reuniam com os amigos na casa da noiva e de lá partiam em procissão para a residência do noivo, com acompanhamento de flautas, de cantos de amor e apóstrofes cheias de alusões grosseiras...

Através da pedra-mandala o padre Andoni aprendeu que quanto mais rico era o cidadão daquele tempo, mais imposto tinha de pagar e mais anos devia passar nas fileiras guerreiras...

Quem quer que desejasse preparar-se para uma carreira pública, o mínimo era de dez anos. Por conseguinte somente os mais abastados podiam entrar, pois só eles tinham condições de permanecer tanto tempo afastados de seus negócios ou de suas terras.

Naquele trecho romano, a primeira classe tinha 96 centúrias, das quais 19 de cavalaria e o restante de infantaria pesada. Aquele que nelas se engajava devia armar-se às próprias custas, com duas lanças, um punhal, um sabre, um capacete de bronze, uma couraça e um escudo. Este ficava em falta na segunda classe, idêntica à primeira quanto ao resto do armamento. A terceira e a quarta classes estavam privadas de qualquer arma defensiva (capacete, couraça e escudo). Os homens da quinta classe apenas se armavam de pedras e varas. E todos os soldados lutavam durante anos alimentando-se de trigo e couve, nas estradas das conquistas, na lama das trincheiras da derrota...

Até que numa noite de tempestade novo fato surgiu. Enquanto padre e índio dormiam, seus espíritos, dominados e instigados por outros mais fortes, vindos do além, resolveram guerrear entre si. Inconformado com o domínio do prepotente religioso sobre a ingenuidade do nativo, seu espírito rebelou-se e iniciou a discussão:

—Pelo visto você não sabe com quem está lidando, seu romanozinho afeminado, cão pestilento! Sou terrível! Só para você ter uma idéia da nossa maldade, eu e meus companheiros escolhiámos as mais belas jovens para homenagear aos deuses incas, que depois eram decapitadas ou estranguladas e em seguida sepultadas ao pé do altar. Meninos e meninas eram também sacrificados. Trajávamos as crianças com esplêndidas vestes adornando-as com jóias para a cerimônia que em seguida eram emparedadas vivas numa casa. As vezes as vítimas tinham a jugular seccionada, eram enterradas vivas ou abria-se o peito delas para arrancar o coração ainda palpitando...

E a finalidade a seguinte: com a supressão de um ser humano, os deuses eram persuadidos a salvar outro. Os tremores de terra, as epidemias, a partida do nosso exército em campanhas e as festas organizadas para celebrar uma vitória inca — massacravam-se então os prisioneiros de guerra. E toda vez que nascia uma criança de sangue real, era pretexto para sacrifícios humanos.

Portanto já deu para você avaliar o nosso poderio. Deixe de atormentar e abusar da ingenuidade do Pachacuti enquanto é tempo, seu reles ladrãozinho de pedra-mandala, ou você sentirá algo pior do que já lhe contei em matéria de dor...

Foi o quanto bastou para provocar a ira do espírito romano:

—Pensa que me amedronta, selvagem de merda! Espírito atrasado, só porque você tem 400 ou 500 anos acha que que é importante e pode me ameaçar? Eu e minha gente temos mais de 2 500 anos! Somos fundadores de Roma, berço da civilização, iniciadores de Senados, Bibliotecas, Leis que até hoje orientam o mundo..

Quanto a maldades praticadas, vocês não passam de principiantes se eu lhe contar cenas da batalha de Porta Colina, das mais sangrentas da antiguidade, onde quase os 100 000 homens de Mário — o Jovem, cairam por terra. Obra de Sila...

Índio iletrado, você nunca estudou por isso não ouviu falar dos ardis de Tibério, das ações monstruosas de Calígula, das crueldades de Domiciano, das orgias sanguinárias de Cômodo, dos vícios de Caracala, de Heliogábalo e das loucuras de Nero! Selvagem despreparado, para retribuir o susto que você pretende me dar, posso descarregar sobre sua cabeça, seu atrevido, "apenas" 400 anos de história romana. Só quatro séculos de dramas e conquistas, de grandezas e depravações, vícios e loucuras. Maldades que farão você se arrepender de ter provocado-me. Mais um pouco e farei com que você sinta meu braço secular, desmaie de emoção e medo, seu cretino...

O inca tentou rebater mas o romano não deu chance:

—Ah! maldito índio insignificante! Vou arrastá-lo antes de destruir. Desfilar com você acorrentado no meu carro triunfador em direção do "sacrifício aos deuses"...

E os espíritos prosseguiram nas ofensas e exibições de força.

Passaram a noite discutindo e ameaçando se agredirem até quase na hora dos corpos de frade franciscano e índio, levantarem-se das camas para a luta diária...

## A REVELAÇÃO ROMANA

Dos altiplanos sopravam gélidos ventos que alcançavam a calma do mercado, cujas transações eram feitas em semi-silêncio por mulheres acocoradas em longas filas. As índias **chollas**. Vendedoras que permaneciam impassíveis, como ausentes e as compradoras ao discutir o preço, chegavam a acordo sem jamais elevar a voz.

A frente delas as mercadorias, obras do artezanato indígena: cerâmicas decoradas com motivos incas, tecidos de lã de carneiro, alpaca ou vicunha, peles e couros trabalhados.

Pela manhã tanto religioso como pastor acordaram cansados. Um a se queixar ao outro de suores e mal estares; noite mal dormida, repleta de pesadelos...

Assim que Pachacuti saiu com seu curto poncho de lã disposto a enfrentar o frio andino, o padre tomando rápido o desjejum, subiu numa escada improvisada feita de paus tortos para escrever uma frase um tanto esquisita na porta da igreja. Embora superior algum o visitaria naquela lonjura para repreendê-lo:

"Nenhum amigo jamais me prestou serviço e nenhum inimigo jamais me dirigiu ofensa — sem que eu os tenha inteiramente pago".

De onde tirara aquela frase?...

Na noite anterior no meio de discussões, houve a revelação: o espírito de Sila, eleito cônsul no ano de 88 antes de Cristo, encostava-se no corpo do padre Andoni, usando-o. Dai a agressividade...

Lúcio Cornélio Sila provinha de pequena aristocracia pobre e sempre se mostrara refratário às duas grandes paixões dos contemporâneos: o uniforme e o Foro. Tinha tido mocidade desregrada. Gigolô de uma prostituta grega, mais idosa do que ele, Sila a enganara e maltratara. Jamais se ocupara de política ou de coisas sérias; talvez mesmo, nunca tivesse tido estudos regulares. Porém, havia lido muito, conhecia bem literatura grega além de possuir bom gosto em matéria de artes.

Com a espada na mão, Sila havia se revelado magnífico comandante: frio, astuto, extremamente corajoso, com grande ascendência sobre os soldados. Começou a interessar-se pela guerra e ela o divertia, porque implicava, ao mesmo tempo, o jogo e o risco, duas coisas que sempre o mantinham satisfeito. Participara de várias batalhas e em todas elas contribuia poderosamente para as vitórias.

Voltando de uma dessas lutas, à Roma em 99, com imensos méritos no ativo, bem poderia ter proposto sua candidatura a magistraturas mais elevadas. Mas, cansado, apenas lançou-a ao pretório e mesmo assim não foi aceito. Então, ferido por um sentimento de orgulho, ambicioso apresentou-se como candidato a edil. Foi eleito e encantou os romanos, ao oferecer-lhes, no anfiteatro, o primeiro combate de leões.

No ano seguinte, ficou pretor e como tal, obteve o comando de uma importante divisão na Capadócia, para reduzir à obediência o rei daquele país, que se revoltara. Deu a Roma, além de mais uma vitória, rica presa de guerra, porém, tudo indica, o que embolsou por conta própria foi ainda mais valioso. Cansado de dívidas, preferiu financiar, pessoalmente, sua campanha eleitoral, em vez de depender de partido. Com efeito, não estava inscrito em nenhum...

Nascido na classe da nobreza, mas pobre, nutria a mesma indiferênça e o mesmo desprezo pela aristocracia, que o olhara por cima, quanto pela plebe, que não o considerava como um dos seus. Sempre vivera por si mesmo, na companhia de marginais da sociedade.

Quando Sila se apresentou ao consulado, em 88 — não foi para fazer política, mas para obter o comando do exército que se formava, afim de combater Mitridates, na província eternamente turbulenta da Ásia Menor, em que já havia combatido contra Ariobarzane — da Capadócia. Foi sobretudo, por causa das mulheres que se elegeu. Conseguiu divórcio de sua terceira esposa, Clélia, cobrindo-a de jóias, a fim de desposar uma quarta, Cecília Metela, viúva de Escauro e filha de Metelo da

Dalmácia, grande pontífice e príncipe (isto queria dizer presidente) do Senado. Em virtude dessa aliança com uma de suas mais importantes famílias, a aristocracia passou a considerar Sila como seu campeão, favorecendo-lhe a eleição e lhe concedeu, logo em seguida, o comando a que aspirava...

Quando moço, Sila foi uma criatura sensível, amando a alegria e o riso. Mais tarde, transformado em tirano invejoso, entregou-se ao assassínio, aterrorizando cidades pelas suas execuções sem número e sem freio. A populaça romana, sabe-se, tinha gosto pelos espetáculos e efusões de sangue, e Sila deu a ordem para que os prisioneiros de guerra se batessem em público. Organizando bárbaras festas populares desse gênero, em que homens se entrematavam na arena.

Na verdade, foi o primeiro imperador de Roma, porque abriu o caminho para os futuros Césares. Um dia enfastiado, Sila desgostou-se do mundo. Sozinho e sem proteção, retirou-se para sua propriedade de Puteoli (hoje Pozzuoli). Sem o menor temor de ser vítima de eventual assassinato, passou a conviver na companhia de comediantes e sobretudo das comediantes. Compôs poemas e escreveu suas memórias.

Pouco durou essa tranquila felicidade. Após um ano de estada ali, doente e nervoso, sempre superexcitado, morreu Sila da rutura de um aneurisma. Roma celebrou com fausto os seus funerais e de maneira grandiosa incineraram seu corpo perante imensa multidão...

Esse romano ambicioso e terrível, ditara seu próprio epitáfio: "Sempre retribui a meus amigos todo o bem que me fizeram, como também sempre retribui a meus inimigos todo o mal que me causaram".

Se não havia notícias a respeito da primeira parte dessa afirmação a segunda parte era sem dúvida exata...

Uma vez revelado que as vezes dirigia o corpo do capuchinho Andoni, o que o espírito de Sila poderia causar, além do recado mandado colocar no alto da igreja?

## INSISTÊNCIA DO ESPÍRITO

Os ventos acalmaram-se. O sol descambava por trás das montanhas e a noite se espalmava sobre todos.

—Continuo não gostando da sua intromissão, bastardo espírito romano, junto a este homem puro! Sacsahuaman — o ninho da águia inca, não pode cair novamente em mãos estrangeiras! Quero que saiba que desconheço a piedade com o inimigo! E certifique-se do meu poder: neste reino, não há ave que voe nem folha que se mexa, se tal não for a minha vontade...

Bradava aos quatro ventos o espírito do líder Yupanqui Pachacutec continuando na tentativa de espantar o vulto do imperador Sila que rondando importunava o velho índio, através do corpo do padre Andoni. E também para mudar a cabeça do pacato Pachacuti, dando mais força. Fazendo-o enérgico, menos servil. Lutava para iluminar e endurecer suas idéias; povoar seu cérebro com demonstração de poder, enquanto o transportava via pedra-mandala reveladora, para a Amazônia espanhola do passado.

Passou-lhe no ombro a mão protetora. Levava-o para conversar, por entre armazens contendo gêneros alimentícios destinados ao povo e outros reservados às famílias da aristocracia incaica. Depósitos de víveres como os tubérculos que os invasores espanhóis não conheciam, chamados **papas**, ancestrais da nossa batata. Outros compridos e redondos, **oca** ou **olluco** (mandioca), assim como uma variedade de milho miúdo, a **quinoa**, muito produtiva.

Depósitos de matérias-primas para a fabricação de roupas. A visão de Pachacuti foi atraída principalmente para penas de aves que serviam para confeccionar os trajes festivos de homens e mulheres. Onde se viam bordados de ouro e prata, com tal finura, que mal se distinguiam os fios. Sandálias cujas solas eram feitas de fibras de piteiras tecidas e a gáspea de lã macia e multicolorida...

Nesses armazens que ocultavam tesouros, Pachacuti observava boquiaberto lingotes de cobre provenientes das minas; num canto, sacos; em outro, cordames. Espantado, contemplava vasos de madeira, de ouro e de prata, belos, ricamente trabalhados.

Uma esfígie de ouro da dinastia inca brilhava intensamente sob o raio de luz surgindo da abertura lateral.

Encontrando-se espalhadas, igualmente valorosas peças de arte como caranguejos executados no valoroso metal; vasos decorados com motivos mostrando aves, serpentes, aranhas, lagartos e outros répteis. Grande quantidade de placas de ouro (igual a depósito de paralelepípedos) que Pachacutec mandara fundir em tamanhos especiais para adornar seu palácio, era o destaque da mostra.

—Todo este tesouro foi roubado pelos espanhóis, no passado! Tanto quanto agora esse ganancioso padre estrangeiro quer fazer com seu maior tesouro: a pureza...— Lembrou de imediato.

Alertava insistentemente o espírito de Pachacutec para Pachacuti quando os dois já saindo fora dos armazens, atingiam os cercados onde além das lhamas, encontravam-se também animais igualmente pertencentes à espécie dos camelídeos — guanacos, alpacas, vicunhas...

O sábio-analfabeto nativo, pastor de ovelhas, plantador de milho e batata, agora transformado em pobre faxineiro de igreja, extasiado com tanta beleza, só ouvia seu espírito orientador. Que o metralhava com palavras de mudanças de comportamento frente ao sacerdote italiano Andoni. Para ele, um dominador estrangeiro, como os déspotas invasores espanhóis do passado...

—Onde já se viu isso: um falcão vencedor reduzido a guarda de igreja? Chegou o instante decisivo, homem! A hora de tirar sua máscara de bonzinho! Não sirva mais de escravo ao estrangeiro usurpador e aproveitador! Parta para a discórdia, assuma a hostilidade! Domine a rixa e siga para a luta aberta. Você como legítimo conhecedor da região há centenas de anos, tem que aprender a rechassar o invasor que quer levar seu tesouro! O poder está nas suas mãos! Reaja enquanto é tempo...

Insistia o espírito revoltado. O pacífico e solitário nativo arrastando suas **ojotas** (sandálias de palha) e ajeitando o **llanto** — diadema formado de uma faixa de pano enrolada na cabeça — limitava-se a ouvir.

Para reforçar sua teoria de que o tímido índio Pachacuti devia mudar de temperamento, ser mais enérgico, o espírito dominante pôs-se a citar a tomada da fortaleza de Sacsahuaman, em 1536, quando Cuzco estava em chamas...

O espanhol Fernando Pizarro decidiu assaltar a cidadela ocupada pelos índios e encarregou seus irmãos João e Gonçalo, de levarem a cabo essa tarefa. Dividindo suas forças em dois grupos, os irmãos Pizarro conseguiram iludir a vigilância dos nativos. E durante um ataque noturno, executado com rara temeridade, seus soldados por surpresa, conseguiram apoderar-se da primeira muralha. Reagindo imediatamente, os peruanos conseguiram repelí-los das posições que haviam conquistado.

A situação era tanto mais crítica quanto não se podia pensar em retirada. Nesse momento, João Pizarro, que até então acompanhara o combate mas sem intervir nele, lançou seus homens à batalha. De cabeça nua — um curativo não lhe permitia usar capacete — entrou no tumulto. Foi quando um guerreiro inca tomando-o por alvo, atingiu-o com uma pedra. Coberto de sangue, Pizarro continuou a lutar até que caiu sem sentidos.

Seus soldados o conduziram para o quartel general e seu irmão Fernando substituiu-o na frente de combate. Progressivamente os defensores índios foram cedendo terreno e comprimindo-se nos pátios internos da fortaleza. Ao alvorecer, os espanhóis haviam retomado a iniciativa. Depois, no correr do dia, apoderaram-se de uma das três torres que constituiam o coração da cidadela, apesar de defendida com bravura pelos incas.

Desumana e bárbara, a luta prosseguiu durante todo o dia e recomeçou na manhã seguinte. Os índios não tinham mais água e alguns que falavam em render-se foram abatidos pelo chefe, com armas que eles tomavam dos mortos e feridos espanhóis.

Em redor da fortaleza seus defensores continuavam a bater-se como leões. O chefe não se cansava de encorajá-los, mas chegou um momento em que, esgotado, o último guerreiro desmaiou. Nesse instante os soldados espanhóis que haviam subido pelas escadas irromperam na plataforma do torreão. Fernando Pizarro anunciara que queria capturar vivo seu adversário. Em torno do chefe inca fizera-se silêncio: os seus companheiros estavam mortos ou cativos.

Verificando que a luta terminara, o chefe dos nativos desembaraçou-se das armas, enrolou o poncho na cabeça e depois, no momento em que os vencedores estrangeiros, surgindo de todos os lados, se lançavam sobre ele, precipitou-se, de um salto, no espaço...

Sacsahuaman — o ninho da águia inca, a principal fortaleza peruana, apesar de ter dado a medida da sua bravura, havia caido em mãos inimigas. Não obstante, a vitória custara caro aos invasores: numerosos soldados e João Pizarro estavam mortos...

Outras posições foram sendo atacadas. As provisões dos sitiados se esgotavam e os trabalhos no campo reclamavam a volta dos guerreiros a suas aldeias Por outro lado, a chegada a Cuzco do destacamento do capitão, guerreiro e aventureiro Diogo de Almagro, reforçava a posição dos espanhóis. Compreendendo a situação em que se encontravam, os incas procuraram negociar com o adversário. Por que não tentar comprar a liberdade em troca de ouro e prata? A posição era mais favorável do que nunca.

Os invasores estrangeiros naquela altura, donos da situação, preferiam levar seu triunfo pela força, mas não descartavam a possibilidade de um acordo. Não poderiam ter no ato, feito um aliado?

O chefe inca recebeu o representante espanhol, Ruiz Diaz, mais com curiosidade e as conversações se desenrolaram em atmosfera amistosa. No terceiro dia, o inca fez ao visitante-invasor a pergunta que mais lhe interessava:

—Dize-me, Diaz, se eu desse ao rei dos espanhóis um tesouro enorme, os cristãos abandonariam nossa terra?

Sem pestanejar, o espanhol indagou:

—Qual seria a importância?

A guisa de resposta, o chefe dos nativos deu ordem a seus servidores para que espalhassem no chão um alqueire de milho. A seguir separou um punhado, apanhou um grão e declarou:

—Vês este grão? Ele representa o ouro e a prata que até agora os teus descobriram em meu país. Vês agora este monte. Ele representa o que eu lhes darei...

Ruiz Diaz tirou a última esperança de liberdade do inca, ao responder-lhe com franqueza, pondo fim às conversações:

—Ainda mesmo que desses a nosso rei montanhas de ouro, altas como as de terra que nos cercam, ele não retiraria os cristãos deste país...

O espírito de Pachacutec dando fim a história inca, reforçou com Pachacuti:

—Você é um **capac** (falcão), não um pacífico serviçal! Como pôde observar, meu caro Pachacuti, cuidado com o padre Andoni. Com os invasores estrangeiros não há razoável no trato. Eles são insaciáveis! Hoje querem uma coisa, amanhã querem mais...

## CIDADE DAS PEDRAS

Com a lua cheia iluminando dava para observar com clareza a neve solidamente acumulada no topo da montanha. Logo abaixo, a neblina caia como cortina sobre a magnífica exibição da natureza...

O pequeno mundo de pedras, se apresentava quase vazio de sons. Também reinava silêncio no templo do padre Andoni. As discussões dos espíritos ainda não haviam começado a perturbar a paz local. A fria cerração atingia a entrada da igreja inacabada e caindo aos pedaços, cuja porta rica e artisticamente entalhada, representava algo como um pedaço de linda mansão, oferecendo escudos e brazões a um mundo totalmente indiferente...

Pachacuti, como havia recusado o jirau sugerido por Andoni, simplesmente passou a tranca na porta da igreja e deitou mesmo no chão, em cima de velho poncho de lã. Peça de seu vestuário que servia ao mesmo tempo de capa, lençol e cobertor.

De resto, tapetes a pender nas janelas, como cerradas cortinas, afim de impedir a entrada da brisa da noite. As vezes o índio preparava um braseiro na panela de três pés para aquecer o ambiente, naquele lugarejo de pedras frias. Pedras em torno de quase tudo...

Ao sair para plantar batata, milho, pimenta, cuidar de cabras e carneiros ou mesmo procurar o espelho mágico, sua obsessão, Pachacuti sempre caminhava por poucas mas longas ruas de muros de pedra e escassas casas de adobe — tijolo de barro cosido ao sol.

Tinha que percorrer lances de degraus e trechos de estrada revestidos de blocos de granito. Subir escadarias cortadas e construídas em plena rocha. Por onde caminhava avistava torres ou pilares do mesmo resistente material. Ao lado do templo do padre havia restos de santuário também de pedra. Vizinho, numa espécie de praça, havia uma plataforma com ponteiro de relógio de sol, cavado no seio da rocha viva, como um mostrador. No centro existia uma projeção destinada a lançar sua sombra sobre rocha de cor vermelha acinzentada, de redondo contorno.

Estrada outrora dos artesões incas que trabalhavam em ouro e prata. Cuidavam da construção de santuários otimamente estruturados, cujas paredes estiveram cobertas de folhas de ouro tão finamente batidas a ponto de assemelharem-se a cascas de cebola.

O pacato Pachacuti enterrado no **chullo**, comprido gorro de lã e no poncho bordado, de franjas balançando ao vento, mascando coca ou encharcado de **chicha**, a bebida esverdeada, de milho fermentado, vivia feliz naquele mundo de pedras sem fim. Até a chegada do padre. Dai em diante, o nativo e seu espírito possessivo, o mesmo do terrível Pachacutec do passado, entraram em desacordo.

Sua alma, consciência ou o que fosse, não sabia bem, insistia agora, para que o corpo montasse uma milícia agrária naquele deserto de pedras. Recrutasse trabalhadores do campo que cuidava de rebanhos de carneiros e lhamas, como o indígena, para boicote geral. Não comparecer mais a igreja e com essa medida expulsar Andoni e o "exército do mal" que povoava a cabeça do sacerdote, daquelas terras sagradas...

Mas o pastor de ovelhas não tinha a menor vocação para líder. Nem discordante, quanto mais guerreiro. Seu aspecto físico demonstrava o sossego em pessoa. Tão desligado que, viciado na mastigação das folhas de coca, o canto da sua boca vivia manchado por um corrimento esverdeado e ele de preguiça nem mais limpava. Como uma cabra velha vivia ruminando. Pacífico ao extremo e totalmente alheio ao que se passava à sua volta. Com excessão do mundo incaico do passado, é claro, que vivia ligado. Sabia tudo...

Quanto a Andoni, o padre não suportava aquela desolação pétrea, árida e horrível em que vivia. Cercada de montanhas geladas de ofuscante neblina. Pasmaceira durante o dia e noites frias sem fim. Não nascera para frequentar tal ambiente de ruínas seculares, onde nada de novo acontecia. Quase inteiramente destituida de árvores, sem sequer um vegetal, uma flor, a não ser musgo verde acinzentado em uma ou outra pedra calcária trabalhada ou fragmentos de peças de barro.

Procurava sim, os regatos que o levariam de encontro ao rio Amazonas. Ao quente das florestas tropicais e seus ráios solares doadores de vida; transmissores de energia. Porém, a descoberta da pedra-mandala reveladora e seus efeitos mágicos tornara-se mais forte. Fazia com que adiasse seus projetos de uma vida com mais calor...

Até o dia em que Pachacuti saindo como de costume ruminando seu bocado de coca rumo a lida diária algo aconteceu. Na ausência do nativo e atrás da mandala escondida (o índio estava desconfiado que o capuchinho vasculhava seus pertences) Andoni deslocando uma pedra do chão da igreja (túmulo que não poderia ser tocado) encontrou valioso tesouro. Dentro de vaso com decoração de peixes, serpentes e motivos geométricos, além de efígie de gênio do milharal, uma espiga de milho toda feita ouro!

Valorosa peça maciça do tempo incaico...

O franciscano mais uma vez foi possuido pela ambição: por que não partir à cata de outros tesouros como aquele? Parecia tão fácil de encontrar...

Violar outros túmulos atrás de peças raras e antigas, de ouro, que poderia vender no estrangeiro? Além do lucro pessoal, não seria uma contribuição para revelar a história do povo antigo do Peru? Através das ruinas e dos fragmentos das cerâmicas, contar os estilos das tribos que passaram por aquele lugar? Mostrar coisas do império incaico em museus de fora do país, para que outras pessoas pudessem apreciar?

O padre decidiu-se no ato. Todas aquelas pedras acumuladas, arrumadas ou aparentemente jogadas, não estavam ali por acaso. Nos simples paredões, nos monumentos de granito, nas imponentes fortalezas de blocos amontoados, assemelhando-se a castelos, ou nas ruinas dos aquedutos conduzindo a uma fonte ou lugar do banho, tudo soberbamente arquitetado, procuraria sinal do passado.

Mal a neblina pairasse no dia seguinte a despertar, dando aspecto chumbo ao céu e embora ainda conservasse a friagem terrível. No escuro assustador, Andoni, frade da ordem de São Francisco prometia que iniciaria a marcha. Esquecendo seu pensamente anterior de ser homem de viver austero, conviver com a pobreza, miséria extrema, percorreria estradas. Subiria montanhas recolhendo cacos, atrás de fragmentos que reconstituissem história e pudessem proporcionar fortuna rápida.

Auxiliar para o serviço mais duro de escavação, tinha, e já via-o como escravo, comendo na sua mão. Pachacuti curvado ao peso da carga, como os súditos incaicos na dura labuta. Ou na forma de nativos explorados pelos espanhóis do passado...

## ESTRATÉGIA INÚTIL

—Por **Viracocha** (deus supremo andino)! Ah, canalha se te pego! Maldito seja você espírito romano, que guia o cérebro doentio desse reles ladrão que usa batina franciscana, para disfarçar suas ações demoníacas! Agora esse falso sacerdote pretende violar nossos túmulos seculares atrás de fortuna, não é? Deixa estar, ainda ei de transformar o Pachacuti de sandália esburacada, num membro da **capacuna** (príncipe, na dinastia inca) custe o que custar, um verdadeiro **chinche** (chefe de clã), imponente e enérgico comandante, para nos vingar! Assim como farei chegar as mãos dele rapidamente, uma bengala ornada de placas de prata, para agredir até a morte o invasor insaciável!...

Eu e minha falange espiritual, tudo vamos fazer para que os conquistadores atuais —embora no momento seja apenas um, ele veio abrir caminho para outros— tenham o mesmo destino dos gananciosos espanhóis do passado: lutar entre si até o final!...

O espírito de Yupanqui Pachacutec, protetor do nativo Pachacuti, referia-se à tragédia, quando Diogo de Almagro voltando de terras chilenas, decepcionado e amargurado, decidiu reclamar o título de governador de Cuzco, no Peru, e região vizinha. Se não conseguisse, estava disposto a obtê-lo à força.

E foi sem prazer algum que Fernando Pizarro soube dessa notícia. Sua desconfiança aumentou quando teve ciência das conversações travadas entre Almagro e um chefe inca. Os acontecimentos, não tardariam em dar-lhe razão.

Após haver examinado a situação e verificado que tinha sobre os rivais a vantagem do número, Almagro exigiu de Fernando Pizarro que lhe entregasse a importante Cuzco. Em seguida, não esperou, enquanto continuavam as negociações, violando a trégua, ocupou a cidade com suas tropas. Digno filho da raça dos Pizarro, Fernando bateu-se até o fim e só se rendeu quando a casa em que se entrincheirara ruiu em chamas...

Ele, seus companheiros e seu irmão Gonçalo foram lançados à prisão. "Nessa ocasião — escreveu, não sem amargor, Pedro Pizarro, igualmente cativo — pela primeira vez a palavra traidor foi pronunciada neste país, pela primeira vez, também, viram-se cenas de pilhagem e de brutalidade"...

A partir dai, a ambição de Almagro não conheceu limites. Desprezando os direitos reconhecidos a seu conterrâneo Francisco Pizarro pelas ordens reais, estendeu seu domínio até as margens do Pacífico e deu ordem a seus homens de marcharem sobre Lima. Os dados haviam sido lançados; confiando em seu poderio, o usurpador espanhol julgara chegado o momento de arriscar-se à prova de força.

Sabia que podia contar com seus soldados, cuja afeição soubera conquistar, tal como Pizarro a dos seus. Almagro era para eles o melhor dos camaradas, um verdadeiro pai. Em Cuzco, distribuira-lhes, de sua parte da presa, 180 fardos de prata e 20 fardos de ouro, a fim de que tivessem com que se equipar, na previsão da campanha que os devia levar ao Chile.

Certo dia em que um dos soldados o surpreendera a admirar inúmeros anéis, Almagro rindo, lhe disse:

—Toma, leva! Carrega o que couber em tuas mãos!...

Depois sabendo que o homem era casado, mandou dar-lhe seiscentos escudos de ouro, para que pudesse ir junto de sua mulher após terminar a campanha invasora.

—O ouro, que tanto lhe custa ganhar, não interessa ao grão-senhor. (Diziam seu comandados, que não só juravam por ele, como permaneceram-lhe fiéis até depois de sua morte). Todavia, numerosos oficiais e soldados estavam conscientes de que, seguindo Almagro e enfrentando Pizarro, era contra o rei que se rebelavam.

À espera de que as negociações entabuladas com Francisco Pizarro, que concentrava suas tropas em Lima, chegassem ao fim, Almagro estabeleceu acampamento em Pachacamac. Foi lá que soube da fuga de Gonçalo Pizarro, que conseguira deixar Cuzco. Sua posição ficara abalada com esse fato; não porém, o orgulho. Fiel à sua divisa: "Tudo ou nada", pretendia combater e, se falhasse, morrer, para levar para ao triunfo sua decisão.

Gaspar de Espinosa, encarregado de ser intermediário entre Pizarro e Almagro, expôs a este último a situação nos seguintes termos: "Não acha Vossa Grandeza que estes países são demasiados extensos para que governeis? Será realmente necessário que, por algumas léguas de mais ou de menos, provoqueis o céu, ofendais vosso rei e mergulheis o mundo em preocupações e desgraças?"

Almagro ouviu-o com toda altivez e replicou que ele podia dirigir as mesmas censuras a Pizarro. De qualquer modo, mantinha suas exigências. Ante essa insistência, Espinosa interrompeu as negociações e proferiu a frase histórica: "Seja, pois, assim, senhor! Como diz o velho provérbio castelhano: o vencido está vencido e o vencedor perdido!"...

Os espanhóis Pizarro e Almagro tiveram um encontro definitivo. O primeiro exigiu a libertação de seu irmão Fernando e a evacuação de Cuzco. Almagro, se quisesse, poderia colonizar o sul da Nova Castela. (Na época da invasão espanhola, a região de Arequipa e o território da Bolívia atual). Tarefa que, segundo Pizarro, valia a pena, haviam descoberto as ricas jazidas de prata de Potosi. A contragosto, Almagro aceitou a primeira condição, mas repeliu categoricamente a segunda; cegavam-no os tesouros que acreditava escondidos em Cuzco, no Peru.

Essa obstinação iria custar a vida dos dois lutadores, além de mais de mil espanhóis... Pizarro encarregou seu irmão Fernando, libertado por Almagro, de fazer valer seus direitos. O embate antre "pizarristas" e "almagristas" deu-se em Las Salinas. Pela primeira vez, espanhóis se enfrentavam em solo da América.

A sorte das armas foi fatal para Almagro. Preso à liteira por um acesso de gota, assistiu, impotente à derrota de suas unidades e à ruína de seus sonhos de conquistador. Acompanhado por alguns fiéis buscou refúgio na fortaleza inca de Sacsahuaman, onde o vencedor não demorou a encontrá-lo. Fernando Pizarro, seu velho adversário, encerrou-o na mesma torre em que, alguns meses antes, Almagro o encarcerara...

Acusado de alta traição e julgado por uma côrte marcial, Almagro foi condenado a ser decapitado. Na ápoca contava sessenta e três anos e fizeram-lhe solenes funerais. Fernando Pizarro e os oficiais de seu estado-maior acompanharam o féretro até a última morada: uma cova aberta na igreja do convento da Mercê.

Assim foi o fim do invasor ambicioso. Mais um daqueles que ajudou a aumentar o território da Espanha e a enriqueceu com todos os valores do império que havia conquistado. Um bravo no campo de batalha, Almagro, para quem o Peru não fora suficientemente grande, teve de contentar-se com alguns palmos de terra...

A noite estava quase no fim e ainda se ouvia o espírito inca furiosamente protestar na igreja:

—Vamos fazer como fizemos em 1541, com outro invasor espanhol, o capelão Frei Vicente de Valverde, que nomeado bispo de Cuzco, teve de fugir. Encontrado na ilha de Puna, os índios se apoderaram dele e e perguntaram:

—É ouro que quereis?

Em seguida lhe deram morte horrível: derramando-lhe ouro fundido nos olhos...

Mas, novamente o espírito esbravejou e deu exemplos em vão. De nada adiantou o furioso falatório do revoltado espírito inca. Pela manhã o bondoso Pachacuti que já tinha de trabalhar na roça de milho, batata e pimenta, orientar ovelhas e assumido o compromisso de cuidar da limpeza da igreja, não recusou quando o padre Andoni convidou-o para uma expedição rumo às ruínas de pedras.

O sacerdote quase não ligava mais para a igreja. Modificado pela curiosidade que a pedra-mandala proporcionava levando-o a vida anterior e agora tomado pela ganância de encontrar tesouros incaicos, não tinha sossego. Emagrecia cada vez mais. De pescoço comprido, seu rosto de uma palidez mórbida mostrava olhos cavados nas órbitas e sua larga testa, de fontes profundas, formavam um aspecto sinistro.

Juntamente com seu fiel escudeiro Pachacuti passaram a vasculhar todas as ruínas que viam. Em algumas delas, encontraram túmulos por entre numerosas ânforas, tecidos e outras oferendas. E múmias, enroladas em ponchos de lã, de cócoras, cabeça pousada nos braços cruzados em posição de repouso. Sem nada do valor que o padre pretendia...

Num dia chuvoso, em que os dois já haviam andada muito, passando por antigas muralhas, penetraram numa caverna. Aparente gruta secreta onde os ancestrais de Pachacuti que empregavam machado e instrumentos de pedra, talvez tivessem ocultado antigas e valorosas peças. Tiveram que curvar-se ao caminhar para seu interior.

Por ali só engatinhando. Outras entradas se apresentavam cuidadosamente vedadas com grandes pedras. No frio lodo úmido em que pisavam, e por entre as paredes, viam baratas e escorpiões, insetos e caracóis, morcegos guinchavam a todo instante. Jaziam restos de esqueletos de animais e ossos secos de humanos; mortos de vários séculos...

Talvez estivesse ali a esperada compensação por todo aquele esforço. No mundo deserto e rochoso, acharam desenhos representando homens-pássaros, meio ave meio figura humana. Miniaturas de barcos, estátuas de pedra e nas paredes. Mas também, sem saber: esconderijo de uma pantera andina.

No local, de fato o nativo encontrou rapidamente a bengala prometida. Na forma de rústico porrete cujo cabo era trabalhado em prata, para hostilizar Andoni. Malhar sem piedade até o fim. Uma providência materializada do espírito de Yupanqui Pachacutec, que para desespero do espírito, não pôde ver seu plano concretisado.

Ao invés de agredir o padre com ele, o nativo salvou-o. Para decepção do espírito vingativo.

De uma envestida da fera, que se achando descoberta e acuada atacou primeiro o frade franciscano, num espetacular salto. Pachacuti nessa hora nada lento, apesar da idade, tomou ofensiva contra, acertou o animal no ar. Prostando-o com violenta e precisa cacetada....

## AS CHAMAS HISTÓRICAS

—Soube que na noite anterior você abriu novo berreiro, seu espiritozinho inca chorão, cretino, infame e doentio!...— Gritou com ar belicoso.

Entrou com os dois pés na igreja chutando tudo que via pela frente, usando a divisa de Calígula **Oderint dum metuant** (Que me detestem, contanto que me temam) o espírito do imperador romano Sila, histericamente como se encontrasse circundado de outros companheiros e quisesse destacar-se.

Prosseguiu:

—Já que citou falange espiritual, imbecil, por certo deve desconhecer a minha, composta de colegas imperadores romanos, que vão do tirano Mário e dos monstros Cômodo e Calígula, ao bárbaro Domiciano, passando pelo temível Sétimo Severo! Do velho avarento Galba ao glutão Vitélio! Entre outros terríveis homens de poderes ilimitados, como um vulcão prestes a explodir, sequiosos por entrar em atividade novamente...

Juntos, faremos picadinho de você e seu molenga protegido. Esse débil mental preguiçoso chamado Pachacuti; um irrecuperável! Que jamais sairá de pobre diabo que é, porque têm natureza de escravo...

Inconformado, achando que a religião estava atrapalhando os projetos de Andoni, o espírito de Sila resolveu consultar sua falange e convocar um especialista para dar um jeito na situação: o famoso Nero. Que já havia dado uma força, na forma de sugestão, quanto por ocasião do sacedote queimar o rancho de Pachacuti. Mas desta vez sim, o demoníaco imperador além de mudar a cabeça do cristão, poderia providenciar tudo, a seu gosto...

O espírito de Nero não se fez de rogado:

—Ainda lembro-me bem. Esse nome cristão vem de Cristo, condenado à morte pelo governador Pôncio Pilatos, sob o reinado de Tibério. A execrável heresia, reprimida provisóriamente, propagou-se não somente na Judéia onde nascera, mas também em Roma, onde os cultos religiosos maléficos e abomináveis afluiam e encontravam adeptos... — Berrou como se estivesse louco.

O terrível Nero de tenebroso currículo: matou a esposa grávida Popéia Sabina, mulher bela e inteligente, com um certeiro ponta-pé, enviou um remédio contra doença de garganta a seu ministro e o infeliz morreu fulminado, além de obrigar Sêneca por fim a seus dias. E por inveja, levou ao suicídio Corbulão, seu general mais valoroso, que defendera as fronteiras de leste, do Cáucaso ao Eufrates.

Para quem o dinheiro só tinha valor se, prodigamente pudesse gastá-lo sem restrição. Por isso confessava grande admiração por seu tio Calígula que, em tempo-recorde, dilapidara o imenso tesouro acumulado pelo governo anterior.

Para pagar os edifícios que mandava construir, dispendia o imperador somas enormes. O vestíbulo do Palácio de Ouro, destinado a servir de residência imperial, era de dimensões tão vastas que podia abrigar a estátua colossal de Nero, da altura de trinta e cinco metros. De um comprimento de mil e quatrocentos e oitenta metros, comportava a sala três fileiras de colunatas e um lago cercado de construções, que davam a ilusão de pequenos centros urbanos.

Encontravam-se ali também campos, vinhedos, bosques e pastagens, onde conviviam animais domésticos e selvagens. Podia-se admirar esse espetáculo do interior da vasta sala de entrada. Nas salas de refeição, de forros em lambris, estavam dispostas placas de marfim, móveis, ocultando um sistema de encanamentos que permitia a aspersão dos convidados com água perfumada. Podia-se tomar banhos de mar e banhos com água de fonte, luxo até então desconhecidos em Roma.

Como fôra executada a mansão sem igual e outras obras suntuosas? Uma vez que não existia em Roma número suficiente de operários para executar tais projetos de construções, o imperador deu ordem de recolher todos os prisioneiros do império e condená-los, criminosos ou não, sem exceção, aos trabalhos forçados.

Rapidamente secaram-se as arcas do Estado.

Para arranjar dinheiro, Nero que conferia a maior parte dos cargos em troca de metal sonante, teve que recorrer a meios fraudulentos. As sucessões das pessoas que se tinham esquecido de incluir o imperador em seu testamento, foram perseguidas. Foi preciso suspender o pagamento dos legionários e as pensões dos aposentados. Acabando por meter as mãos nas oferendas ao templo e mandou fundir os ídolos de prata.

E quando se descobriu uma conspiração contra a vida do imperador, a sede de sangue de Nero aumentou até a loucura. Os conspiradores, suspeitos ou não, eram exterminados, inclusive seus filhos, quer pelo veneno quer pela fome...

Dai em diante, a loucura assassina do sanguinário imperador não teve mais limites. Pelas razões mais insignificantes, romanos todos os dias eram mortos. Nero chegou ao cúmulo de dar ordem a um tal Traséias para suicidar-se, por que este tinha "a fisionomia sombria e carrancuda de um pedagogo"...

Aqueles que não se suicidavam, eram confiados aos médico de Nero para "fazerem uma cura". Era assim que o imperador designava a operação que consistia em abrir as veias. Mas o máximo de sua esquisitice doentia, foi quando manifestou o desejo de fornecer indivíduos vivos como alimento a um egípcio antropófago, célebre pela sua voracidade de comer carne crua...

Prosseguia com suas loucuras para aflição da população, até o dia em que os edifícios antigos, os becos estreitos e tortuosos de Roma desagradaram a Nero, que mandou por fogo em tudo...

Toda a gente, em Roma, sabia quem era o incendiário e ninguém ousava tocar em seus criados, quando os surpreenderam em flagrante, de tochas nas mãos. Durante seis dias e sete noites lavrou o incêndio. Dois terços das casas da cidade ficaram calcinadas. O povo procurava refúgio nos monumentos e nos templos. Os suntuosos palácios, monumentos magníficos e quase todas as maravilhas da capital foram reduzidas a cinzas.

Do alto da torre do palácio de Mecenas, Nero contemplava o formidável espetáculo. Exaltado diante da beleza grandiosa e devastadora das altas labaredas, cantou uma balada e confessou que podia afinal ter uma idéia do que fôra o incêndio de Tróia.

Para explorar o melhor possível a catástrofe, para dela retirar o máximo de benefícios, encarregou-se Nero da remoção dos escombros e dos cadáveres. Ninguém tinha o direito de aproximar-se das ruínas fumegantes. Acuou assim os romanos à miséria total, obrigando-os a "contribuir com donativos voluntários".

Espalhando-se como uma onda epidêmica, a sinistra notícia do crime do imperador circulava de casa em casa. Para cortar aquelas perigosas notícias, Nero finalmente decretou que eram os cristãos os responsáveis pelo incêndio...

Passou a perseguí-los e nessa nova tarefa, transformou a perseguição num novo espetáculo para divertir o povo. Os corpos dos crentes eram costurados dentro de peles de animais e lançados aos cães, pregados na cruz ou incendiados para servir de tochas...

Teve idéia de envenenar os senadores, assassinar os generais, de queimar novamente a cidade e de soltar feras, para impedir que o povo extinguisse o fogo. Mergulhou numa espécie de demência, a cantar e tocar cítara, enquanto o exército o abandonava. Nero rasgava em pedacinhos as mensagens que anunciavam derrotas e catástrofes e pediu à célebre Locusta um tóxico de efeito rápido. Mas não teve coragem de engulí-lo. Cerca da meia noite, de repente despertou. Seus guardas de corpo tinham-no também abandonado. Mandou chamar os oficiais de sua escolta. Nenhum deles respondeu. As portas estavam aferrolhadas: o palácio, vazio.

Até mesmo seus cobertores e o veneno de Locusta, seus servidores haviam levado. Pôs-se o imperador à procura de Espículo, o célebre gladiador, que devia, conforme estava combinado, dar-lhe o golpe de misericórdia. Ninguém...

Nero saltou sobre um cavalo e com o rosto disfarçado sob uma máscara, galopou através da cidade, enquanto relâmpagos duma tempestade e um tremor de terra misturavam seus estrondos. Procurou a casa de Faon e deixou-se cair na cama. Seu único amigo aconselhou-o por fim a seus dias, para escapar de uma morte infamante.

O imperador deu ordem de cavar uma cova de seu tamanho a fim de poderem prestar-lhe as derradeiras homenagens. Caiu no chão e chorou. Mais uma vez faltou coragem.

Quando lhe anunciaram que o Senado dera ordem de fustigá-lo até matá-lo, pegou dois punhais para atravessar com eles o coração. Tateou as pontas, depois reembainhou-os. À aproximação dos cavaleiros que queriam capturá-lo vivo, cravou, ajudado por um tal Epafrodito, um punhal na garganta...

Morreu com a idade de trinta e dois anos. Seis anos exatamente após o dia sinistro em que mandara assassinar sua outra esposa, Otávia...

Como era a afinal a aparência física do homem que, governava o mais importante império de maneira tão arbitrária? Temível, cabotino e dono de criminosa loucura?

De porte médio, Nero — segundo Suetônio o descrevia sem nenhuma restrição — desprendia um odor fétido; seu corpo estava coberto de pústulas e de manchas suspeitas. Loiro ruivo, seus cabelos eram penteados em cachos, como os das mulheres, julgando os romanos esse penteado escandaloso e ridículo. A nuca era espessa e o ventre proeminente. Pernas finas suportavam o torso pesado. Olhos de um cinzento azulado. Míope, tinha uma expressão ansiosa, como se espantado diante daquele mundo de gente que se deixava insultar e achincalhar tão facilmente...

As mesmas características do homem que viram pondo fogo na igreja do padre Andoni. E que diferenciavam totalmente da cor morena de **chollas** e outros índios que frequentavam o local. E mais misterioso ainda: assustados, tão impotentes como o povo romano, aquelas poucas pessoas nada fizeram para impedir o ato criminoso do vândalo.

Obra de um espírito malígno materializado, como o filho da nefasta Agripina, que não hesitando em opor-se, quando o filho lhe pediu consentimento para divorciar-se de Otávia, chegou mesmo a oferecer-se a ele. E que ao ser perseguida pelos assassinos mandados pelo filho, disse simplesmente:

—Golpeiem aqui!

Designando o ventre em que Nero fora concebido. Este por sua vez, vivendo em orgia de sangue, depois do pontapé dado no ventre de sua esposa Popéia em que matou não só a mulher como seu herdeiro, acabrunhado pela dor, desesperou-se. Perambulando pelas ruas de Roma, viu um jovem de nome Esporo, cujo rosto (para azar do infeliz) lembrava estranhamente o da morta. Conduziu ao palácio, mandou castrá-lo e o desposou...

Para quem, entre outros tantos absurdos, conseguira por fogo em Roma, queimar apenas uma pequena construção velha não significava muito esforço...

## MUDANÇAS DO PADRE

Seu olhar fixou-se na amplidão. Tomou a direção do firmamento ainda carregado de estrelas, quase dando lugar a cores luminosas. O sol já ameaçava remeter faixas de luz através das frestas que sobraram, entre o restante de teto e paredes.

Pelo mesmo caminho, poucos pássaros de pequeno porte penetravam no recinto. Cantando por entre os caibros.

Para Pachacuti representava mais trabalho. Além do acúmulo de tarefas como plantar batata, milho, pimenta, o padre pedira-lhe que cultivasse também o algodão. Cuidar do seu rebanho, acompanhar Andoni nas andanças atrás de tesouros, providenciando pequenas picaretas, lanternas e sacos, afim de vasculharem duros blocos rochosos, nova missão surgira: participar da reconstrução da igreja...

O franciscano por sua vez, aproveitaria o incêndio na igreja para dedicar-se mais tempo às suas pesquisas de campo. Mas não no campo das almas. Acalmados tanto padre quanto nativo de que a pedra-mandala estava salva, graças a providencial atitude de Pachacuti, ao sair para trabalhar, escondendo-a numa rachadura no meio de teias de aranha, em nichos murais cavados na parede. Perdera o tambor e a **quena** — flauta de cinco furos.

Andoni com a ajuda do companheiro que ia traduzindo para as línguas quíchua e aimará, avisou os poucos fiéis que reconstruiriam o templo. Mas esclareceu também, a tempo. Nada de correria para terminá-lo. De início algumas poucas coisas como refazer bancos e cobrir o que restara de paredes. O sino de bronze, recoberto de espessa camada de azinhavre, ostentando a data de 1600, que emitia som rouco, ficaria num canto por enquanto. Ali mesmo todos dariam prosseguimento ao trabalho religioso.

Estava muito mais interessado nas formas do que reformas. Nas formas de gigantescos blocos de pedra, os monólitos, hieróglifos, balizas na rota humana e outros tantos testemunhos de um passado acabado. Saber quem edificara tão magníficos templos e santuários. Decifrar os enígmas dos altiplanos, onde o mistério era ainda tão profundo, parecendo impenetrável.

Procurar interpretar os pensamentos e as ações de um povo primitivo que antes vivera nas cercanias, ou mesmo a maravilhosa civilização, que enfrentou a pilhagen dos invasores espanhóis. Que habitaram aquelas montanhas frias pelos idos de 1400. Como imaginar qual o grau de sofrimento daquele povo? Que saindo das garras de um tirano como Yupanqui Pachacutec do império inca, caira em mais poderosas unhas? Nas de espanhóis como De Soto, Pizarro, Almagro e outros? — Perguntava Andoni para si mesmo...

No fundo, na verdade mesmo, o capuchinho nem estava muito interessado nisso tudo. Histórias das grandes e importantes populações desaparecidas e seus dramáticos acontecimentos rodeados de trevas. O desmoronamento de um universo sanguinário e bárbaro tanto inca quanto espanhol. Afinal nada mais restara da época, do que simples pedras....

Interessava sim, para ele, os tesouros que poderiam ser revelados nessas pesquisas...

Andoni acordara mal, tanto que nem saira naquela manhã. Sentia enorme peso no corpo, e pior, também consciência pesada. Um misto de culpa e arrependimento, algo assim, acrescido de desânimo e mau humor. Pachacuti acudiu-o prontamente providenciando um chá de folha de coca. Para o nativo tratava-se dos efeitos do **soroche** — o mal da montanha. O índio admirava-se de como o estrangeiro vivendo no **puna** — região do altiplano entre 3 000 a 7 000 metros de altura, podia se locomover de um lado para outro, sem sentir cansaço e indisposição. O homem agora arreara de vez.

O descendente dos incas aconselhou-o para que dali em diante não só fizesse uso constante do chá, como mascasse folhas de coca, caso contrário não suportaria mais os rigores do ambiente. (O nativo só não comunicou que o sorriso branco do padre, passaria logo a amarelo e com o passar do tempo, verde).

Idéia aceita no ato, enfiou algumas folhas no bolso. Horas mais tarde o sacerdote parcialmente recuperado já tinha forças para juntamente com o guia Pachacuti, visitarem a feira da aldeia. Primeiramente iriam em busca do que comer, e vestir, pois suas mudas de roupas tinham sido destruidas pelo fogo.

Um gole de **chicha** para completar o ânimo dos dois e Pachacuti foi providenciar "dinheiro": matou três de seus carneiros para a troca, já que tudo por ali era na base do escambo. Encheram as mochilas.

No vale de aspecto desértico, atravessando vielas esbarrando em índios de lustrosa cor de azeitona, trajados com plumas de avestruz que tangiam lhamas ricamente decoradas. Outros, bêbados, carregando harpas, tocando tambores e soprando flautas de bambu. Conseguiram finalmente alcançar a praça principal, onde parecia dia de festa popular.

A elite da aldeia, usando chapéu, paletó e calça, tudo combinando na cor escura, quando não de **chullo**, o barrete de malha de crochê, dotado de abas pendentes para cobrir as orelhas, sentava-se sobre esteiras, conversando e bebendo, apreciavam pequenos rebanhos de alpacas brancas. Todos os homens tinham bengalas de cabo trabalhado em prata.

Fedidas peles não curtidas de animais se estendiam por todo o chão de lama endurecida, e seco esterco de vaca para ser queimado no fogão, junto de pilhas de cobertores de lã. Vasos de barro vermelho, toucas de lã, instrumentos musicais. E por entre postes balançando cercados de cordas estendidas a guisa de decoração, viam-se dependurados terrinas para sopa, colheres, pratos, taças e até vaso noturno, tudo de prata.

Os víveres não eram vistos com muita fartura Os vegetais iam da batata até alcachofras. Havia banana e abacates. Peixe seco e carne fresca. Ossos e víceras. Remédios como estrelas-do-mar, para dores de cabeça e receitas afrodisíacas afim de propiciar fertilidade.

Tudo na base da barganha. Um punhado de feijões por um tanto de batatas. O que facilitou Pachacutec trocar parte da carne de seus carneiros, com uma mulher com seu bebê amarrado às costas, que lhe entregou as tão procuradas roupas.

Corpos embriagados pelo aguardente de milho, seus espíritos protetores libertos, aproveitaram para se revelarem em plena luz do dia.

Um deles, através de Pachacuti iniciou a provocação alegando que ali, os incas tinham construido a mais majestosa estrada existente no mundo e também a mais longa. Uma voz grave que soou-lhe junto ao ouvido e lhe narrou detalhes. Armado dos argumentos, o índio deu uma cuspidela antes, para iniciar:

—Nunca houve grandeza semelhante!... Passa por cima de vales profundos e de montanhas cobertas de neve. Foi esta estrada que tornou possível ao império incaico, dominar um quarto do continente sul-americano!...

—E aos espanhóis, realizar a sua fulminante conquista do mencionado império... — Não hesitou o outro, rechassando.

Intrometeu-se, também presente, novo espírito romano, na pele do padre Andoni. Dando início ao já conhecido duelo incaico-romano. Não pareciam ser dos agressivos Yupanqui Pachacutec e Sila. Pelo menos educados, divergiam mas não se xingavam.

Na falange espiritual inca, constavam também nomes de outros guerreiros violentos como Manco Capac e Tupac Amaru, mas evidentemente, havia entre eles, gente mais calma. Talvez o que se manifestasse agora, fosse um deles. Assim como o corpo de tropas espirituais romana não era só composta de terríveis homens do passado como os invejosos Mário e Sila, Cômodo, o monstro, Pompeu e Crasso, a espada e o dinheiro. Dela faziam parte, Cícero, o mais eloquente dos oradores romanos, Diocleciano, um gênio da organização, Antonino Pio, soberano piedoso e distinto, Galiano, amigo dos cristãos e assim por diante...

—Em altura de milhares de metros, ao longo dessa rota andina de milhares de quilômetros a gigantesca estrada atravessou vales e precipícios, fazendo uso de pontes pênsis. Seus homens executaram túneis com duzentos e cinquenta metros de comprimento, perfuradas por aberturas destinadas a entrar a luz e o ar...

Novamente foi interrompido:

—Os romanos também faziam isso. Usavam o mesmo método: depois de fazerem arder um grande fogo, de encontro à rocha, eles atiravam água fria sobre a pedra quente, de modo a fazer estalar tanto a pedra arenosa como a pedra calcária...

—É, mas os incas faziam mais, no fim de cada túnel, uma escadaria cortada e construida em plena rocha viva. Já em 1300, fizemos a ponte mais extensa. Os incas construiam para a eternidade!... — Insistiu. Sorrindo astuciosamente, deixando a mostra entre dentes verdes, os dois caninos de ouro.

—Grande coisa! Já nos tempos de Deocleciano, trinta estradas partiam das portas de Roma, compondo-se de mais de trezentas e setenta caminhos diferentes. O inteiro sistema de estradas dos romanos totalizava cerca de oitenta e seis mil quilômetros de extensão...

Por onde você pensa que chegavam o âmbar, o ouro, a jade, a prata, as esmeraldas; transportavam-se também quanto as especiarias, ostras, alcachofras e aspargos; frutas gregas, tais como azeitonas, figos, limões, amêndoas. As sedas chegavam, procedendo pelas rotas das caravanas e o mesmo acontecia com os perfumes oriundos da Arábia.

Pompeu rasgou suas estradas por cima dos Alpes; a África foi atravessada por uma rede de caminhos romanos, que ia de Gabes a Tebessa; o imperador Cláudio construiu estradas até na Inglaterra. Na fase mais elevada do impéio, a mais extensa das estradas contínuas corria da Muralha de Antonino, na Escócia, a Jerusalém, cobrindo uma distância de cerca de cinco mil quilômetros. E até mesmo durante o declínio de Roma, a sua construção de estradas prosseguia na Espanha, na França e na África!...

Sua explanação foi cortada:

—Nada, na Cristandade, se iguala a estas maravilhosas estradas do Peru!...

A discussão estéril na feira, poderia render muito mais, não fora o cansaço que acabou por tomar conta de padre e índio. Foram de mochilas cheias e voltavam mais carregados.

Pararam finalmente de gritar. Lado a lado, quase abraçados e encharcados de cerveja de milho, os dois regressavam por estrada de pedras cor de ferrugem, salpicada de sujeira de carneiro, rumo ao que restara da igreja-moradia. Vazia de fiéis, virara refúgio. Quase um buraco de ratos.

De olhos arregalados, cambaleantes e barulhentos, tentaram cantar.

Mas os dois de chapéus, paletós, calças e sapatos pretos (a batina desbotada e costurada quanto pôde, desmanchou-se no simples toque da troca, capuz idem e a sandália gastara ao máximo), como par de vasos novos e dupla de desafinados urubus, mal articulavam as palavras...

## ILUSTRES ANTEPASSADOS

Sentiu rajadas revitalizantes e acordou. Os campos eram de triste tom de mate sob o céu cinza onde o vento soprava furiosamente naquela manhã. Entrava assobiando pelas frestas da moradia e fazia farfalhar as folhas das poucas árvores do fundo do quintal.

Guiado por espíritos romanos do passado acabara de sair de uma mesa farta cercada de jarros de bronze, onde continha por sobremesa, damascos, melões, tâmaras, cerejas, figos, pêssegos, amêndoas, nozes...

Na manhã do dia seguinte da bebedeira na feira, o frade Andoni, deitado (nessa posição estendida que os romanos faziam suas refeições, porque achavam incômodo estar sentado) tomando café com pão seco e um mingau que o companheiro preparara na base de leite de cabra, farinha e açucar (não fosse essa insistência com a alimentação e o franciscaco já havia falecido), foi que percebeu como talvez funcionasse o mistério do comportamento estranho do nativo.

Quando o índio Pachacuti estava sóbrio não passava de pobre ignorante, mas bastava ingerir uns goles da bebida **chicha**, feita de milho fermentado, para mudar completamente de comportamento. Sob o efeito do álcool perdia a modéstia, a timidez. Transformando-se num intelectual falante, cheio de impáfia e imposições. Era outro homem; sagaz, inteligente. Qual o motivo de tanta alteração num ser humano iletrado?

—Espírito de outra pessoa que incorpora nele? Parece não ter dúvida que seja mesmo isso!...— Questionava cheio de curiosidade, para si mesmo, o sacerdote abismado com a provável descoberta da teoria, que ia contra seus princípios de católico.

—Mas por que somente quando o nativo se embriaga? Que porta é aberta para que tal fenômeno espiritual se realize?... — Voltou a interrogar-se o pálido franciscano. —Será que o mesmo está se dando comigo?...

Não deu tempo dele mesmo analisar a resposta. Pachacuti voltando fora do horário do campo onde pastoreava ovelhas, a fim de apanhar uma ferramenta, pegou o capuchinho em flagrante com a pedra-mandala na mão. O religioso de consciência pesada, tentou esconder o produto do furto no bolso da calça, mas o ingênuo nativo acalmou-o. Era incapaz de guardar rancor de alguém.

—Para que esconder isso, padre? Se já divido minhas folhas de coca e minha **chicha** com o senhor, porque não dividir também a minha diversão? Eu não sabia que o amigo também gostava de usar... — Sussurrou.

Tratando a mandala com intimidade tal, como se tratasse de um brinquedo ou simples e minúsculo aparelho de televisão, colocado sobre a mesa para uso comum...

Sua bondade desconcertou o esquelético padre, que sem jeito agradeceu e mesmo assim ainda tentando disfarçar, mentiu:

—O que é isso afinal? Achei interessante, e peguei. — Perguntou com cautela. Voz rachada e lábios a tremer. Apertando seu cinto alguns furos.

Pachacuti nem ligou para o fato. Desatando a rir:

— Qualquer dia eu mostro para que serve...

Apanhou o que viera buscar e partiu para o campo...

O dia estava frio demais e chuvoso para as pesquisas de campo, atrás de tesouros ocultos. A consciência tranquila, uma vez que o nativo liberara o uso da mandala, quando quisesse, foi o quanto bastou para o padre literalmente deitar e rolar. Mergulhar de cabeça na História.

Seriam umas sete horas da manhã. Mascou algumas folhas de coca, colocou a garrafa de **chicha** sobre a cama e deitou-se olhando fixo para o centro do valioso desenho na pequena pedra. O padre pareceu entrar em transe. Permaneceu na posição por horas. Não mais comeu e só foi acordar as cinco da tarde. Dez horas depois, quando Pachacuti voltando do trabalho, sem querer, acordou-o...

Apesar de aparentar dormir, levantou sonado. Sabia que se prosseguisse naquela maneira de viver poderia abalar seu estado mental, ser atacado de alienação, perturbação. Mas algo mais forte o arrastava, levando-o até os confins da loucura, sua e dos outros. Pois não encontrara-se com o imperador Cláudio tão maluco, esquecido e distraido que, depois do assassinato de Valéria Messalina, filha de seu primo Barbatus Messala, por ele ordenado, perguntou: "Por que a imperatriz não vem para a mesa?"...

Auxiliado pela sua falange espiritual romana, tendo como comandante o insistente Sila, durante esse tempo o frade Andoni entrou em contato com historiadores antigos, clássicos biógrafos: Tácito, Cícero, Horácio, Suetônio, Plutarco, Eusébio, Salústio, Herodiano, Lactâncio. O historiador Tito Lívio, os poetas Virgílio, Propércio, Ovídio e outros que o arrastava pelos estreitos becos romanos como um perdido no tempo.

Por entre suntuosas liteiras macias carregadas por escravos e multidão de mendigos. Esbarrando em legionários cobertos de poeira, que resignados se preparavam para enfrentar a morte. Dançarinas no meio de finas iguarias promovendo orgias, homéricos bacanais, peças de teatro, combates entre gladiadores. Prisioneiros reduzidos à escravidão, conduzidos por soldados para arenas de animais ferozes. Ou penas de morte com que eram punidos os **christiani**, "seita dada a uma superstição nova muito perigosa"...

Na gloriosa, altiva, vaidosa e depravada Roma de esplendor enganador.

Não podia ser miragem. Era autêntico demais. O franciscano Andoni não só esteve cara a cara com semi-deuses do império romano como observou em detalhes, seus cacoetes e manias. Esteve com Júlio César, e notou que ele puxava seus cabelos para a frente do crâneo sempre trazendo em redor da cabeça a sua coroa de louros.

E também Cleópatra, que não era uma beldade, porém, amável, dotada de grande facilidade em falar. Além do que, dona de gestos e atitudes, uma conduta de distinção, que lhe davam fascinante encanto. Exercendo profunda atração sobre quantos dela se aproximavam...

Viu de perto o sombrio e taciturno imperador Tibério andando pelos seus jardins de Capri. Desconfiado, possuido de medo doentio tornara-se um velho extremamente cruel. Na presença de pessoas, quando conversava, o que era raro, canhoto, tinha por costume furar com o dedo sólido e potente uma maçã de polpa dura. Talvez para impressionar, demonstrar sua força.

Assim como Augusto tagarelando por entre risos de adolescentes, que mandava vir da Síria e Mauritânia. Conheceu o luxo de Petrônio, poeta autor de "Satiricon", o homem mais elegante do século. Foi a casa de Trimalcião, senhor de túnica púrpura, cheio de esquisitices, na sala de jantar ao invés de relógio tinha um escravo que a todo momento do dia e da noite, tocava trombeta anunciando a hora. Para que soubesse a conta do tempo que vivia...

Andoni conheceu a hábil envenenadora Locusta, muito procurada pela sociedade romana. Descobriu inúmeras curiosidade sobre os imperadores romanos: que vaidoso como pavão, Otão usava peruca e que Tito talvez tivesse sido o inventor da loteria. Pois mandava atirar sobre o público grande quantidade de bolinhas de madeira ocas, contendo bilhetes que podiam ser reembolsados com objetos neles anotados. Entre os quais, roupas, jóias de prata e ouro, cavalos, bois, cabras, carneiros e até mesmo escravos.

Apreciou as ações de Trajano, admirável conquistador que penetrou até Eufrates e entrou na Babilônia. Suas tropas avançavam através da Índia, da Assíria, da Armênia. Com as conquistas de Trajano, o império romano chegou às fronteiras de regiões jamais atingidas. Os sátrapas e os reis ofereceram-lhe presentes de um maravilhoso explendor, notadamente um cavalo amestrado que caiu de joelhos diante do imperador.

O padre cruzou pelas ruas de Roma com a liteira que transportava o temível fenício Sétimo Severo, imperador duro, obstinado e violento. Um César (todos os soberanos supremos usavam esse título invejado, que os romanos pronunciavam **Caisar**) nascido na África, que falava além da língua fenícia, grego e latim. De corpo debilitado fazia-se transportar por escravos. Quando quiseram obrigá-lo a abdicar, sob pretexto de sua fraqueza física, declarou: "Governa-se com a cabeça e não com as pernas..."

O frade Andoni teve nas mãos, papiros e taboinhas nos quais estavam escritos, do próprio punho de Nero, seus longos versos. Imperador cuja avidez de glória era patológico, pretendia ser imortal. Tão pretencioso, que queria mudar o nome da capital do império romano para Nerópolis...

Andoni conheceu Antonino Pio, um dos homens mais excepcionais que ocupou o trono do império romano. De incomparável bondade, foi homem de rara beleza, amável, generoso e cortês. Antonino Pio reinou de 138-161 depois de Cristo. Nessa época atingia o império o apogeu de seu poder.

Sem falar no gênio político Adriano, sábio de excepcional valor, homem de múltiplos talentos, a quem o padre tanto admirava. Numa demonstração de que entre os homens que dominaram Roma não existiam somente aqueles movidos por vícios e depravações. Tiranos, usurpadores, traidores, loucos, devassos e sanguinários.

A memória de Adriano era prodigiosa. Com surpreendente rapidez, ditava seus dircursos de forma sólida e brilhante e retinha de cor textos extremamente difíceis. Era capaz ao mesmo tempo de escrever, falar e de ouvir uma conversa. Alem, de possuir ótima memória visual. Reconhecia simples soldados a quem não via durante longos anos. Não somente havia-lhes retido o nome, mas até o número de sua matrícula. Recordava-se de nome de milhares de pessoas, a ponto de poder pronunciá-los corretamente.

O imperador da paz, da bondade e da ordem, tinha também imenso senso de humor.

Um velho de cabelos brancos apresentou-lhe um dia uma petição. Adriano opôs-lhe uma recusa. Pouco tempo depois, o homem voltou, com os cabelos tingidos de preto. Tendo-o reconhecido disse-lhe o imperador:

—Já rejeitei esse mesmo pedido quando seu pai me apresentou...

Um dia, na rua uma mulher interpelou-o para apresentar-lhe uma petição.

—Estou com pressa! — Respondeu o imperador, apressando o passo.

Ela protestou:

—Então não devia ser imperador...

Adriano voltou atrás e ouviu-a com paciência até o fim...

## O SANTUÁRIO DO FALCÃO

As formações de núvens tinham flutuado sobre o mesmo horizonte, desde tempos imemoriais. Onde pastores com seus ponchos de cores vivas tangiam manadas pouco ordeiras, de imponentes lhamas de pernas duras

Sementes e raizes espalhadas pelo chão, estátuas e pequenas pirâmides esculpidas em pedra. Ao lado de rolos de pele, bolas de lã, os **quipos** — sistema de nós em retorcidos cordéis. Feixes de lenha, aguardente acondicionado em vasilhame de couro, pedras para construção e mantas de carne-de-sol malcheirosas expostas, o nativo Pachacuti remexia estrume destinado ao campo e horta de legumes.

Deu uma longa cachimbada. Depois dc tomar um gole, ficou pensativo. Haveria nele a preocupação de que a mania do padre poderia virar loucura?

O velho índio analfabeto fumava, usava tóxico e álcool, e de vez em quando a mandala para se ilustrar, mas mexia-se, trabalhava duro. Pastoreava cabras e carneiros, cultivava o solo, colhia folhas de coca, fabricava **chicha**, a bebida fermentada de milho. Lavava e cuidava das vestimentas, mantinha secos os cobertores. Cozinhava, transportava lenha e água para beber, por quilômetros. Fazia força caminhando e levantando pedras a fim de revelar tesouros do passado incaico, além da faxina no que restara da igreja, e o padre o que fazia?

Andoni pele pálida, quase toda coberta pela barba espessa, não mais preta, dominado pela falange espírita dos romanos, parecia um fantasma, a vagar mudo de um lado para outro.

Quando não, permanecia estático e pensativo. Agindo como um adulto que sem estudar ou trabalhar, passava dia e noite em frente a um aparelho de televisão, no afã de aprender. Até mesmo esquecendo os ofícios da igreja e as pesquisas de campo — que tanto o atraira — atrás de fortuna. Os tesouros de ourivesaria, as jóias de prata e ouro ornadas de pedras preciosas.

Vivia literalmente de boca aberta, no meio de cenas de erupção do Vesúvio misturadas a estupidez, avareza, vício e gula na fase de apogeu e loucura dos Césares. Onde conquistadores, majestades divinas, sábios e monstros povoavam seu cérebro já doentio...

A tropa de espíritos do nativo parecia ser menos severo com o corpo que o acolhia. Com exceção do irrequieto líder inca Yupanqui Pachacutec, que volta e meia se manifestava, com maldições aterrorizadoras:

— Isto aqui, de igreja não tem mais nada! Nem fiéis. Portanto meu caro Pachacuti faça disto um santuário de **capac**. De agora em diante você é quem deve dar as ordens. Quem fornece o sustento do corpo, manda! Chute esse estrangeiro para fora de uma vez!...Faça no lugar um palácio como o meu, quando expulsei todos que não eram dos nossos...

Exclamou ele, triunfante, batendo energicamente no próprio peito. Um outro espírito deu-lhe seu apoio, com um gesto de cabeça.

Imediatamente sugiu no cérebro do índio Pachacuti enorme e majestosa praça, centro do império inca. A ela iam ter as quatro grandes estradas que ligavam Cuzco às províncias. Cercavam-na os palácios dos clãs nobres, rodeados de altas muralhas. Além de residências o local continha pátios, lojas e rede própria de abastecimento de água. Havia a "casa do saber" onde se reuniam poetas, filósofos, mitólogos e sábios. Ali a juventude inca aprendia a utilizar o ábaco e os **quipos**.

Olhos fechados, o nativo Pachacuti via o chefe inca cabeça protegida por enfeite de lã de vicunha, ornado de cintilantes pedrarias. Por cima da **collca-uncu**, a túnica fiada e tecida, ele trazia um manto brocado bordado a ouro e prata e uma capa de penas de colibri. Sobre a fronte caia-lhe um **llauto**, de que pendia a **mascapaicha**, emblema de poder e divindade. Na mão esquerda segurava o cetro, semeado de esmeraldas e, na direita, o machado de ouro.

Em volta do soberano, cada um no lugar que lhe era marcado pela hierarquia, agrupavam-se os príncipes, os chefes da guarda pessoal, os sacerdotes e altos dignatários. Atrás ficavam coristas e cantores. De onde elevavam-se cantos ritmados...

Um cortejo adiantava-se a passos lentos, escoltando os habitantes do sol: as múmias, ricamente enfeitadas, dos soberanos defuntos, com lugares reservados à mesa do banquete onde mulheres e servidores se atarefavam em torno. **Apo Aya Hatun** (grão-senhor morto) era o nome que lhes davam. Com o rosto coberto por máscara de ouro, ficavam agora de frente para o nativo Pachacuti, como soberanos vivos olhando-o fixamente e escutando cânticos e danças rituais...

E vinda a tarde, antes do por do sol, voltariam as múmias ao recinto de ouro do templo solar. E sua partida seria o sinal para o auge da festa, o início das danças maiores, das orgias, das bebedeiras sagradas...

Com os **malquis** (defuntos) repousando no santuário, as múmias encerrava sua existência. Mas sua alma permanecia e elas comungavam com seu ancestral: o sol...

A última cena que o espírito inca mostrou ao nativo Pachacuti, foi a invasão do templo inca (que tinha as paredes recobertas de folhas de ouro) por um espanhol a cavalo e com sua vistosa armadura. Falou pouco. Talvez com pressa em outras missões. Dando palmada nas costas do protegido, completou com apenas um breve aviso:

—Cuidado! Fora com o estrangeiro, enquanto é tempo!...

Nada mais foi exibido. Nem mesmo que a partir dali, a grande capital Cuzco fôra rebaixado a nível de aldeia. Testemunhas mudas de um grande passado, templos e monumentos sumiram na solidão e no silêncio do abandono...

Pachacuti que sempre limitava-se a ouvir, desta vez tinha uma pergunta:

—Meste, o que é feito afinal do meu espelho-mágico, onde eu deveria ver as minhas conquistas, que procuro insistentemente, e até hoje não achei?

—Você já o encontrou, meu amigo! É a pedra-mandala... Quanto às vitórias, você somente pode chegar a elas lutando...Eu e minha falange temos insentivado muito para que tal aconteça, mas não depende só de nós...Você, o principal interessado, tem que colaborar, esforçar-se...

O espírito do terrível líder Yupanqui Pachacutec insistia na vingança e mais uma vez, a mensagem não surtira o efeito desejado...

Longe daquele suntuoso palácio que outrora continham imagens do sol, da lua, das estrelas e do arco-iris, além de outros símbolos impressionantes, o bondoso nativo Pachacuti já acostumado com a presença do cadavérico padre, cada vez mais sentia dó do civilizado em decadência. Obedendo sem perguntas ao que o religioso (já sem cabeça para tal) mandava fazer.

Chegando a ponto de na volta à igreja semi-destruida, cansado do trabalho e avistando Andoni encharcado de bebida e babando verde, convidou-o para que juntos fossem procurar nova espiga de milho, tamanho natural e toda de ouro.

Só para com a caminhada, tentar reanimar o amigo.

Desencadeando tremenda balbúrdia. Vários espíritos queriam se manifestar ao mesmo tempo. Tentando conter risos astutos ou por entre sufocantes soluços, indagando, cochichando perguntas e mesmo impondo seu ponto de vista, provocando o caos. Proferindo palavras fanhosas, na maneira que iam se distanciando ficava impossível distingui-las...

No meio do que restara de paredes esburacadas do incêndio da igreja, do que sobrara do altar dourado esculpido em madeira, rachado e abandonado, do teto que parte viera abaixo, uma voz vinda das trevas ainda se ouviu. De um dos mais importantes, daqueles que faziam parte da falange espiritual.

Macia e melodiosa, mas ao mesmo tempo grave. O timbre foi ficando diferente, modificando como se falasse através de uma lata. O príncipe Inca Ataualpa, envenenando como serpente, avisava, antes que desaparessesse o orvalho da manhã:

—Tens que ameaçar, companheiro! Com boas maneiras não farás nunca a cabeça dura desse teimoso Pachacuti! Essa mula empacadora...

Avançou, completando com a máxima do seu tempo de poder:

—Se queres que o povo te obedeça, faze desaparecer-lhe a metade! Preguiçoso como é, só te servirá se te temer...

## PLANO DESFEITO

Aqueles espíritos saudosos da vida terrena agitada que levaram, reuniam-se para matar saudade do barulho das ruas romanas. Tão grande naquele tempo, quanto hoje.

Um tráfego intenso, confuso e som infernal dominavam a cidade. Os nobres, que nunca saiam sem serem acompanhados de cortejo numeroso, eram precedidos por pregoeiros que tinham por tarefa abrir-lhes o caminho. Pedestres apressados, gesticulando nos becos estreitos, condutores de carroças de touros, freteiros, carregadores de liteiras, provocavam obstrução da circulação. Comerciantes ambulantes recomendando suas mercadorias: peixes, aves, caça em geral, frutas, legumes e iguarias finas. Todo esse mundo fervilhante, contribuia para a algazarra ensurdecedora que enchia as ruas de Roma...

Entre novos estudos, planos e estratégias, os espíritos de famosos líderes romanos, resolveram mudar de tática. Deixariam de discutir com os incas. Perceberam que maldizer tanto, era inútil. Esbravejar, xingar e espernear, desabafava em certo ponto, mas causavam desgastes e não levavam a quase nada. Porque de fato, não podiam se pegar.

Dali em diante não mais imporiam suas idéias. Aconselhariam; encheriam a cabeça do protegido e se possível, de vez em quando, alguém iria se materializar. (Como fizera o espírito de Nero, incendiando a igreja mas que não resolvera o problema). Para invadir o território e trabalhar de acordo com sua especialidade.

Desta vez a operação teria que ser mais engenhosa. Mas qual elemento daquela falange, poderia dar continuidade a intenção de separar o bondoso nativo Pachacuti, que para eles prejudicava a tarefa do franciscano Andoni? Ao lado de Sila encontrava-se Vitélio. Mas o que o vil imperador glutão que assumiu o poder no ano de 69 depois de Cristo, poderia prejudicar no planalto peruano onde pouco se comia?...

Sua ficha foi consultada, verificando-se que sua entrada no cenário romano não foi das melhores. Despertaram Vitélio e, em trajes de dormir, proclamaram-no imperador de Roma! No banquete da posse, exigiu que servissem dois mil peixes de espécies raras e sete mil aves. Para estrear uma travessa de prata de grandes dimensões, os alimentos oferecidos na mesa imperial ultrapassaram em originalidade, o que se tinha conhecido até então.

Fígados de dourados, miolos de faisões e de pavões, línguas de flamingos e leite de moréia, regados de azeites e preciosos molhos, foram saboreados pelos convivas. A festa durou vários dias. O apetite monstruoso de Vitélio aumentava ao comer. Diziam, que o guloso após cada quantidade de alimentos ingeridos, fazia uso de uma pena na garganta, que lhe permitia esvaziar o estômago.

As horas em que, entre as refeições, nada havia para devorar, pareciam-lhe vazias e insuportáveis. À noite, sobretudo, quando os cozinheiros dormiam, Vitélio levantava e vasculhava cozinhas e adegas, onde revirava potes para descobrir vinhos velhos e bons bocados...

Vitélio apresentou um plano a Sila. Não era só conhecedor de bons pratos, tinha prática de envenenamentos. Administrar um potente veneno misturado com água fresca, seria a solução ideal. Tinha usado muito o método contra seus credores. Assim que avistava algum daqueles que lhe haviam emprestado dinheiro, condenava-o à morte.

—Infalível! — Garantiu o obeso carrasco de tantas vítimas, com vermelhidão na face e coxeando devido a uma ferida na perna.

O plano simples demais, foi recusado na hora por Sila:

—Temos que ser mais criativo. O padre jamais envenenaria o índio. Disso tenho certeza...

Pensou em Heliogábalo, que reuniu em torno de si os seres mais imundos e tarados da época. Imbecil imperador, que certa vez encomendou a seus escravos, prometendo-lhes recompensas nunca cumpridas, mil libras de teias de aranha. Quando lhe apresentaram dez mil libras do frágil material, declarou muito simplesmente que o fato provava que Roma era uma enorme cidade...

Outro inútil e excêntrico que dava banquetes onde das seiscentas cabeças de cegonhas expostas, somente saboreava os miolos. Tinha a seu serviço, artesãos que, na cera, madeira, marfim, argila, no mármore ou pedra, imitavam, a ponto de provocar engano, certos alimentos. Durante as refeições, mandava servir a seus convidados essas admiráveis imitações.

No decorrer da comilança, do imperador saturado de perfume, estendido no seu leito cercado de flores, era comum a entrada de seus escravos encarregados de esvaziar os colchões para fazer os convidados rolarem para baixo da mesa. Mas isso era o mínimo. Grande alegria sentia mesmo, quando os convidados estavam reunidos, em soltar ratos e cobras. No pânico geral que se seguia, inúmeros convidados eram pisoteados e feridos.

A seus amigos, presenteava caixas cheias de escorpiões, serpentes de varias espécies, perigosíssimas áspides, víboras do Egito, ou de moscas, simplesmente. Quando, durante uma bacanal, seus amigos embriagados estavam adormecidos, fechava as portas e apagava as luzes para introduzir na sala leões, leopardos e ursos. Domados, eram esses animais inofensivos. Além do que, lhes haviam arrancado os dentes...

Heliogábalo não queria que seus amigos perecessem. Apenas apresentar mais uma das suas brincadeiras de salão. Desejava somente fazer-lhes medo, mas conseguia tão bem, que alguns aterrorizados, morriam de crise cardíaca...

Homossexual, o imperador era explorado por rapazes de sua preferência que faziam fortunas às suas custas. Tendo alguns deles, na presença da "mãe da noiva", feito Heliogábalo celebrar seu casamento com o gladiador Aurélio Zotico. Irreconhecível sob disfarce e coberto por peruca, frequentava as espeluncas mais infames de Roma, onde com voz adocicada e cheia de sedução, interpelava os passantes. Ali, comprou certa vez pela soma de cem mil sestércios, uma prostituta de grande beleza que entretinha, sem tocá-la, como "donzela".

Ornado de túnica verde, ouro ou de cor púrpura, foi o primeiro romano a vestir-se unicamente de seda. Usava também uma túnica pesada, persa bordada de pedras preciosas. Até os sapatos eram encrustados de jóias e na cabeça levava um diadema destinado a realçar a feminilidade de seu rosto. Gostava de cantar e fiar lã. Depilava a barba, passava tinta nos cabelos e pintava as pálpebras com alvaiade e carmim. Em seus discursos, saltitava, balançava-se e dançava sem cessar.

Maluco que era, como diversão, no porto, mandava afundar navios carregados de mercadorias, afirmando que assim provava sua grandeza. E quase sempre reunia, num edifício público, as mulheres públicas de Roma, para dirigir-lhes discursos grosseiros e obscenos.

Rememorando, Sila no meio da fina flor do maucaratismo romano, achou que talvez aquele imperador pudesse resolver a questão. E chamou-o. O efeminado mais que depressa correu a propor:

—Tenho um plano para acabar com esse nativo, de vez! Uma réplica do que fiz no passado, já seria de bom tamanho. E passou a lembrar para Sila detalhes de uma das suas orgias. Onde o chão dos salões desapareciam sob rosas, lírios, violetas e narcisos. Cada uma de suas festas era consagrada a uma cor determinada: rosa, verde, violeta, azul...

A água da piscina em que Heliogábalo e convidados se recreavam, era perfumada com essências de rosas. Na sala do banquete, onde o perfume dos vinhos valorizava-se por meio dos aromas mais sutis, Heliogábalo mandou preparar um forro reversível. A dado sinal, massas de violetas, de flores de toda espécie, cairam sobre os convidados, cobrindo-os de tal dilúvio odorífero, que alguns, enterrados, não tendo conseguido escapar para o ar livre, pereceram sufocados.

—Por que não substituir algumas poucas coisas? No lugar do salão de festa, poderia ser uma caverna dessas em que os dois pesquisam. — Tentou convencer o espírito de Heliogábalo. — E as flores substituidas por pedras...

—Não serve! — Cortou logo Sila. — É perigoso demais. Nessa ação, poderia morrer também o meu protegido...

O espírito do romano Sila, cansado de batalhar contra o inca, e receber pouca ajuda dentro da sua falange, onde afastava-se cada vez mais do convívio dos bons para aliar-se aos maus, desta vez resolveu recorrer ao auxílio de Calígula — a “cabra”!

Estava resolvido a eliminar de vez com o nativo Pachacuti que a seu ver se fazia de tonto, mas de bobo não tinha nada. No seu ponto de vista, o pacato índio é que vivia atrapalhando a vida de seu protegido Andoni...

O nome verdadeiro do novo personagem da guerra entre romanos e incas, era Caio César ou Gaio, simplesmente. Que desconfiado, não confiava em alguns da falange espiritual presente, por isso pediu sigilo absoluto. Tinha um plano, porém secreto. Nem a Sila, poderia dar detalhes. Se interessasse ele iniciaria imediatamente. Era pegar ou largar.

Sila com pressa, resolveu aceitar a colaboração, sem saber qual, e não mais fez perguntas...

Os soldados da Germânia, onde o imperador crescera, é que o apelidaram de "Calígula" (botina), por causa dos calçados militares que usava.

Entrara no poder, diziam na época, envenenando e sufocando o imperador Tibério. Tendo retirado do dedo do velho, que ainda respirava, o anel que devia herdar.

Tinha a mente perturbada. Alguma moléstia lhe atacou o cérebro. Um caso de esquisofrenia, de dissociação da personalidade, talvez, quando jovem.

Bastava iniciar uma tempestade para sentir terrores noturnos e correr pelo palácio a pedir socorro. Grande e gordo, passava horas no espelho a fazer caretas, exercício em que se saia muito bem com seus olhos vesgos.

Num certo momento da sua vida, impressionado com a civilização egípcia, tentou introduzir os costumes em Roma. Pretendeu que os senadores lhe beijassem os pés e se batessem em duelo, na arena, com os gladiadores. Que obviamente sendo profissionais nos combates, os matavam com regularidade. Impôs também no Senado, que elegessem como consul, seu cavalo "Incitatus", para o qual mandou construir um estábulo de mármore, com mangedoura de marfim...

Sempre para imitar o Egito, tomou as irmãs como amantes. Chegou mesmo, a desposar uma, Drusila, e a nomeou herdeira do trono. Em seguida repudiou-a para desposar Orestila, no mesmo dia em que ela se casava com Gaio Pisão. Não se deteve senão na quarta mulher, Cesônia.

Certa manhã o louco Calígula levantou-se com fobia pelos calvos (ele também era). E mandou levá-los como pasto para as feras na arena, esfomeadas pela carestia. Não ficou um só careca na redondeza...

Após isso, foram os filósofos que lhe desagradaram e ele os condenou, a todos, à morte ou ao exílio. Somente dois dentre eles se salvaram: seu tio Cláudio, porque era considerado idiota, e o jovem Sêneca, porque fingiu estar muito doente.

Nada mais sabendo o que perseguir, obrigou sua avó Antônia, a suicidar-se. Somente porque certo dia, quando a observava, teve a impressão de que sua cabeça era bela, mas fazia mau efeito sobre o corpo. Terminou por implicar com o deus dos romanos, Júpiter, alegando que ele lhe usurpara o lugar de rei dos deuses. Mandou tirar a cabeça de todas a suas estátuas e substituí-las pela sua...

Vestia-se com roupas que os escultores gregos tinham escolhido para honrar suas divindades. Exibia-se diante do povo fantasiado de Hércules, de Baco, de Apolo ou de Júpiter. Na sua mão direita segurava o raio, o tridente ou o caduceu, insígnias dos deuses.

Seu crânio calvo contrastava com o corpo gordo e cabeludo. Por isso quando ele passava, murmurava-se (claro que palavras perigosas para aqueles que a pronunciavam), à sua passagem:

— Eis a "cabra"!...

Custou para Roma livrar-se do flagelo Calígula. Louco e déspota a promover prisões, torturas e mortes. Quando a incrível notícia do assassinato do perverso tirano se espalhou pela cidade, ninguém ousou-lhe dar crédito.

—É a "cabra" que manda circular o boato. — Murmurava-se. — Para experimentar nossa fidelidade e depois liquidar conosco!

Para além da morte, o imperador demente ainda causava terror...

Quanto ao fim que o espírito do malígno romano queria dar ao nativo Pachacuti, fossem qual fossem seus ardis, falharam. Materializado na forma de um caprino, para fazer sabe-se lá o que perto do pastor, pois o plano era ultra-secreto, foi justamente aquele animal que o índio pegou para o sacrifício.

Vendo a fraqueza total em que Andoni se encontrava, matou a cabra "Calígula" e fez dela churrasco para alimentar o homem...

## ESPÍRITOS INCONFORMADOS

Sob os raios do sol matutino estendidos como tapete até onde os olhos alcançava, o maciço rochoso ainda escondia divindades sob forma de gatos e serpentes que representaram importantes papéis no passado incaico.

Provas da grande habilidade dos artesões e ceramistas. Totens, na forma de plantas, frutos ou animais estilizados. Restos de carvão antes da era incaica, proveniente de antigas fogueiras. Cascalhos de pedreiras. A espera de saqueadores de tesouros, dispostos a escavar as ruínas da cidade deserta. Ou tumbas, a procura de urnas, vasos, esculturas, múmias e tecidos. Testemunhas mudas de um passado longínquo...

O deserto desidratador conservava as múmias, os tesouros de artefatos, por meio dos quais tornava-se possível recompor a imagem de grande e desconhecida civilização.

Marido montado numa mula, mulher na sua, troteando atrás, tendo filho às costas num saco. Flores do campo colocavam-lhe manchas claras no chapéu preto. Durante o trajeto ainda fiava lã com os dedos. Outras mulas e burros seguiam o casal de índios, carregados de ramos, junco, louça de barro e até uma pele de jaguar. Sob o que restava da igreja do franciscano Andoni, poucos nativos sopravam em búzios — grandes conchas marinhas chamadas por eles de **tuturutu**, emitindo sinais incompreensíveis. Estariam convocando espíritos?

Talvez. Porque as palavras da falange inca ainda ecoavam no ar. Parecia que todos os espíritos tinham pressa. Queriam se manifestar, de maneira ou outra, exigindo mudança urgente no comportamento de Pachacuti. Que ao menos fosse mais enérgico com Andoni, já que não tinha coragem de liquidá-lo de vez...

—Esse **tarpuntay** (sacerdote) não presta. Não é um legítimo **villac** (sacerdote do sol).

Diziam quase ao mesmo tempo e inconformados.

—Se o povo não tem ocupação, fazei-o transportar uma montanha de um lugar para outro! Só assim a ordem reinará no império...

Aconselhou Huayna Capac, um dos reis incas, relembrando seu tempo de poder. E sugerindo: se Pachacuti não quisesse dar fim no franciscano, ao menos o fisesse trabalhar. Uma vez que peregrinos abandonavam o templo, os fiéis não mais compareciam naquilo que ficara da igreja.

O tirano Yupanqui Pachacutec, que na sua época impunha a seus súditos férrea disciplina, exigindo deles obediência e fidelidade em todos os instantes de seu reinado, era sempre o mais exaltado. Jamais concordaria com a calma e a bondade de seu protegido. Prometera até apelar para os **huacap-pillac**, os feiticeiros incas do passado.

Mas não era somente com a ingênua piedade do índio. O espírito inconformado reclamava de modo geral. Onde estava tudo aquilo que ele mandara construir ali? No lugar de templos magníficos para coroar obra que deu a sua dinastia uma auréola divina, agora somente existia aquele punhado de pedras e meio telhado em cima. Chamar aquilo de templo? Uma vergonha para seu império!...

Revoltado, não admitia o crepúsculo, o desmoronamento do universo bárbaro e sanguinário levantado por ele. Nada mais restava do seu governo, do que pedras sobre pedras. O tempo nivelara tudo. A terra sepultara os monumentos edificados. As cidades ou tinham sido invadidas pela floresta amazônica implacável ou as areias das dunas acabaram com elas...

Quando o índio Pachacuti revirava um velho armário repleto de tranqueiras, pedaços de corda, restos de arame, num barracão próximo de onde pastoreava suas ovelhas, o espírito de Yupanqui Pachacutec deu um salto e gritou:

—Está ai a solução! No pinhão paraguaio, poderoso purgante para cavalos! Basta que Pachacuti dê uma dose cavalar ao enfraquecido padre, a fim de mandá-lo desta para outra!... É só lembrá-lo...

De fato Pachacuti sentiu-se como orientado por uma força estranha. Revirou alguns pacotes e encontrou uma lata enferrujada contendo o remédio.

Não só viu. Pegou-o e como não tinha mais cavalo, jogou o purgante fora, para desocupar espaço...

## O JOGO DE XADREZ

Na pacata aldeia andina, de Pachacuti e Andoni, um deserto de pedras, onde tudo, terra, casa, rosto, na mesma cor pardo-acobreado, permanecia na sua monótona imobilidade, a vida continuava. Independentemente da guerra travada entre os espíritos.

Tal qual como há centenas de anos. Falcões distantes e moscas perto, esvoaçando ao redor de índios cabeça coberta por chapéu ou gorro de lã, alguns descalços, sentados ou dobrados sobre si mesmos numa posição fetal.

A mesma feira com panelas de barro, folhas secas, raizes, ervas aromáticas para os males do corpo e do espírito, espalhadas. Um cego face cadavérica, pele de cobre embaçado, triste, e solitário a suplicar esmola, completava o quadro. E os mendigos de sempre...

Pachacuti naquela manhã acordou preocupado.

Tivera um pesadelo esquisito, uma espécie de aviso. Encontrava-se num imenso salão de mármore (Senado) mandado construir ao lado de um teatro onde haviam levantado também enorme estátua.

De repente ele (era César) foi agarrado por duas mãos, por um indivíduo (Túlio) que rasgou sua roupa esquisita (toga), desnudando-lhe os ombros. Chegou-se a ele um outro (o tribuno Casca) e lhe assentou na nuca um golpe de punhal. O primeiro. Mas o ferro penetrou-lhe pouco profundamente, porque a mão do agressor tremia muito. Pachacuti arrancou-lhe a arma da mão e gritou:

—Celerado, que fazes?...

Cada um dos presentes, então levantou uma arma. De todos os lados estava Pachacuti (César) cercado. Esquivou-se aos golpes desferidos contra sua cabeça e seus olhos. Como um animal selvagem apanhado numa armadilha, lutou contra seus atacantes. Mas estava convencionado que todos participariam do assassinato.

Finalmente um deles, Andoni (Bruto) acertou-lhe um golpe violento no ventre. Urrando de dor Pachacuti voltava-se para a esquerda e para a direita. Mas quando reconheceu seu agressor, armado de uma espada, velou seu rosto com a toga e deixou-se abater sem resistência, gritando:

—Vale mais morrer, do que esperar para sempre a morte!...

O espírito de Sila, constante e rondando feito varejeira não dava tréguas. Como se o homem estivesse ainda bem acomodado no **triclini**, espécie de divã de três lugares, esperou passarem os índios e seus burros carregados de canastras, sacudindo orelhas em trote batido, levantando poeira. Do alto de sua majestade olhou para seu raquítico "inimigo", com cara ainda de sono, que não fazia mal a uma mosca, e desabafou:

—Como pode um pobre coitado desbotado e enrugado como esse, mascando coca o dia inteiro, cabeça cheia de vapores de **chicha**, enfrentar nossa poderosa falange e ainda estar de pé?...

Indiferente a tudo que girava em sua volta, Pachacuti tentava com um sorriso, animar o ex-capuchinho, sonado, perdido no tempo. Pele cor de terra, todas as rugas de riso do nativo se moveram rumo suas orelhas, como as dobras de uma sanfona.

E não cantava vitórias. Recentemente tinha escapado de mais um golpe. Quando escolheram entre cortesãs e bailarinas, e mandaram afim de tentá-lo para uma orgia, a bela escrava liberta Quiteris. Cuja fama nos tempos romanos não era recomendável. Veio no lugar de Messalina que acharam atraente demais para o nativo. Ele poderia desconfiar....

Com plano bem urdido, a viciada e perversa mulher de má conduta, ao invés de tocar cítara, aproximou-se do nativo na forma de interessante índia, lenço na cabeça, a soprar flauta. Apesar de toda formosura, perdeu seu tempo e a vida. Um tropeção e a pequena cesta que a encantadora mulher trazia num dos braços, inexplicavelmente abriu-se antes da hora. Dali saltou uma minúscula e rápida serpente esfomeada. Poderosa na peçonha, ao picar o braço mais próximo, deitou a vítima Quiteris para sempre...

Desanimado o espírito de Sila disposto a reparar seu erro, reconheceu sua falha:

—Sou culpado! **Mea culpa, mea máxima culpa**! Só agora percebo como fui um ingênuo. Minha idéia deve ter surgido no segundo dia do mês, (considerado nefasto para os romanos), onde já se viu, eu apelar para os imperadores! Foram uns nulos, inúteis, no passado, e pelo que vejo, seus espíritos não evoluiram...

Esquecendo-se que tinha sido um deles.

—A maior parte foi içada a um poder que jamais esperava atingir, não passando de joguete da fatalidade. Brinquedo flutuando ao léu da brisa e que o menor sopro de vento fazia recair ao chão...

Respirou fundo para prosseguir, pois acabara de receber não só a visita de Bruto tentando repetir a História, como também do fantasma de rosto bestial de Cômodo— o monstro. Sugerindo algo que Sila de antemão sabia não funcionar com o índio Pachacuti, que de bobo só tinha a cara. O imperador apareceu com longo cabelos louros desbotados pelas tinturas e coberto de espesso pó de ouro. Oferecendo figos envenenados.

—Não adianta. A operação é muito simples. Como você quer entregar a mercadoria, vestido de vovozinha? — Brincou Sila.

—Então deixa eu fazer como fazia com minhas vítimas preferidas. Vestia paralíticos de "serpentes", que eram alvos ideais para as flechas de meu arco!...

—Negativo! O nativo é ágil. E muito mais esperto do que você pensa. Vive em outros tempos. E devo reconhecer, bem protegido espiritualmente...

E Sila nem esperou o imperador Cômodo se retirar para ofender toda a sua falange:

—Eu deveria ter pensado antes em outro tipo de pessoas. Obviamente, não tão inteligentes como o célebre historiador Suetônio Tranquilo. Nem os poetas Catão e Cícero, os escritores Dion Cássio e Élio Espartiano. Muito menos filósofos de profissão tipo Epicteto, Heliodoro e Epicuro. Ou homens de profundos pensamentos como Homero, Platão e Sócrates, que sei, todos eles não se prestariam para tal serviço. Não aceitariam a missão de destruição. Mas me refiro aos soldados. Devia ter escolhido para a tarefa de acabar com o inca Pachacuti, os verdadeiros guerreiros romanos. Que tiveram suas vidas repletas de táticas de combates...

Militares de currículos invejáveis foram lembrados. Nomes fortes como Júlio César, que, como estrategista ultrapassava todos os generais romanos. Tibério, que em três anos de combates encarniçados, esmagou a revolta dos povos conquistados por Roma. Pompeu, valoroso general nas conquistas da Ásia. Fábio, Lúcio Vero, Galo, Filipe, o Árabe. Décio, que corajosamente a frente dos exércitos romanos, combateu os godos. O comandante-chefe Metelo Cipião e seu general-adjunto Petreu. Lúculo, Labieno, Quinto Lúsio, Avídio Cássio, Públio Elio Adriano.

Marcos Úlpio Trajano. Na ápoca em que a Dálcia, situada na margem setentrional do Danúbio, compreendia a Valáquia, a Transilvânia e a Hungria Oriental, Trajano atacou os dácios subjugando-os. Maxêncio, tirano egoista e depravado, enérgico comandante de 170 000 infantes e de 18 000 cavaleiros (num desse de seus ataques, a ponte veio abaixo e ele morreu afogado)...

Longínio, general de grandes méritos. O oficial dos pretorianos, o valente Cássio Queréia. Públio Quintílio Varo. O severo, implacável e velho rabugento, Sulpício Galba, que tratava os oficiais e os soldados com desprezo e não se privava de insultá-los, de humilhá-los, a toda hora...

Generais Marco Antônio e Maximiniano. Cneus Pompeu, famoso e rígido militar. Estrategista genial, somente quando estava convencido da vitória e do bom êxito é que passava ao ataque. E inúmeros outros...

Restava saber quem deles estaria disponível, para entrar no tabuleiro daquele jogo de xadrez inca-romano. A maioria pagava dívidas nos umbrais, no lodo espiritual, a espera de nova oportunidade de vida...

Sila ao levantar-se da reunião onde ainda permaneciam alguns do seu corpo de tropas espirituais, viu Mário, de relance e sem raciocinar abordou-o.

O encontro não durou minutos e ao ser convidado a fazer parte do conselho de militares, convidados para acabar com o índio Pachacuti, o grande Mário se ofendeu:

—Não sou assassino! Nem bandido! Muito menos sicário, matador profissional! Esqueceu-se que sou o brilhante Caio Mário. Nomeado cônsul no ano de 108, antes de Cristo e que dois anos depois derrotei o rei africano Jugurta e todo o seu exército? Não lembra mais, que em seguida, no decorrer da marcha triunfal, tal como nunca Roma vira, fiz o vencido e seus dois filhos acorrentados, desfilarem pelas ruas da cidade, sob as vaias e risadas da multidão?...

Que memória fraca a sua Sila, francamente! Também esqueceu-se que dois anos mais, e eu já era encarregado do comando supremo dos exércitos romanos para deter as invasões de cimbros e teutões, onde consegui após sangrentas batalhas, a derrota dos povos germânicos?

Como ousas convidar-me para dar fim em apenas um reles elemento, logo eu, por cinco vezes eleito cônsul. Que organizei inteiramente o exército romano, fazendo desaparecer das tropas o derradeiro traço de antagonismo que existia entre a fortuna dos abastados e os menos favorecidos economicamente. Aqueles de nascimento pobre, que eram separados?

Graças a essa minha iniciativa, abolindo distinções de classe, todo cidadão romano pôde servir ao exército. Juntei ricos, corruptos, refinados, elegantes e camponeses. Ou não lembra também?...

Sila permanecia calado. Imóvel, apenas ouvindo, enquanto Mário desabafava:

—Transformei Roma na primeira cidade do mundo. Tive nas mãos as três penínsulas do sul da Europa: a Espanha, a Itália e a Grécia. A África do Norte e as vastas províncias da Ásia Menor. Coloquei-as sujeitas ao domínio romano, e agora você ofende-me com essa propostazinha infeliz? Onde está sua cabeça Lúcio Cornélio Sila?...

Mário conservava seu espírito violento e combativo. Suas maneiras e comportamento continuavam rudes, grosseiros, rústicos e barulhentos. Como simples campônio que atingira o poder, só sabia o latim. Se em sua presença alguém se atrevesse a falar grego, calava-se e proibia que seus interlocutores se dirigissem a ele em língua que não entendia. Parecia lembrar-se das hordas guerreiras dos líbios, dos cimbros e dos teutões. Com seu olhar agressivo e selvagem, parecia querer engulir Sila, que já estava arrependido do convite.

—É que você tinha por hábito, à noite, consultar os adivinhos etruscos, em segredo, seguindo seus conselhos, então pensei, por que ele não poderia achar a solução? — Tentou disfarçar Sila. Para em seguida, o também carrasco feroz e monstruoso, encurtar o assunto que se prolongara demais:

—Tudo bem, Mário! Você não querer aceitar a proposta é um direito seu! Não o considero um fascínora de beira de estrada, como está pensando. Mas pode parar por ai com suas grandezas! Pois você está se defrontando com Sila! Eu derrotei o mais temível inimigo de Roma: Mitídrates (tirano que falava correntemente vinte e dois ediomas), rei da Ásia Menor, que assassinara de 80 000 a 100 000 italianos! Quero que também recorde de uma coisa, quem venceu, e tirou você do poder fui eu, seu desmemoriado! E vamos por um ponto final nesta conversa...

Mário no fundo era um complexado. Já na sua época de esplendor e poder, por falta de estudos, tinha dificuldade para conversar com quem quer que fosse. Isolado, aborrecia-se profundamente com o teatro grego e tinha no vinho sua única diversão. Embriagava-se constantemente. Diante do exposto de Sila, referindo-se ao único fracasso da sua vida de guerreiro, que não queria recordar nunca mais, agiu como se estivesse bêbado. Baixou a cabeça e silenciosamente abandonou a reunião...

## EXPEDIÇÃO INFRUTÍFERA

Pela manhã, a neblina e o vento se haviam dissipado; o ar apresentava-se como se houvesse sido lavado pela chuva. Não havia sequer uma árvore, nem uma voz de pássaro, apenas pedras e dois vultos humanos movimentando-se. Enterravam o corpo da infeliz, que encontraram morta. Em seguida, pretendiam seguir um traçado da estrada inca e discutiam se o melhor caminho seria através do vale, seguindo a aridez esmagadora que estendia-se rumo aos Andes...

Os primeiros sinais de desequilíbrio mental surgiram, quando Andoni largando de modo brutal e grosseiro, a pá, chutando tudo o que via pela frente, possuido de cego poder, gritou a todo pulmão, em direção das montanhas geladas:

—Criado, onde está minha toga de linho, púrpura, aquela com enfeite adamascado de ouro?...

Pensando tratar-se de brincadeira, Pachacuti apenas sorriu.

O ex-capuchinho insistiu:

—Quero entrar triunfal na cidade, ostentando meus supremos títulos: pio (piedoso) Andoni, augusto Andoni e césar Andoni. Quero meu perfil cunhado em moedas e medalhas! Eu serei o maior de todos os imperadores romanos! A História fará justiça!...

Na véspera o ex-franciscano sismou: tinham que fazer uma expedição assim que amanhecesse, por isso, ele o e índio davam conta dos últimos preparativos. Por sua ordem, mais folhas de coca e aguardente de milho, do que alimento propriamente dito. O nativo na sua extrema simplicidade, tinha como lema: aquele que pode, manda, que tem juizo, obedece.

Pretendiam atingir uma pirâmide distante da aldeia. Local que Andoni queria vasculhar até o anoitecer, atrás de valorosas obras de arte do passado.

Iniciaram através do deserto de pedras, alcançando maciças fortalezas construidas de barro, onde alguns índios residiam, cercadas de longas faixas cultivadas de algodoeiros. Ali encontratam restos de um povo que vivera em casas subterrâneas, feitas de adobe. Nem anéis para dedos, nem pedras esculpidas. Aquela gente não fabricava objeto algum de cerâmica. Possivelmente habitaram a região a 2 500 anos antes de Cristo...

O ex-padre solicitou a primeira parada. Colocou algumas folhas de coca na boca e partiu.

Com a população aumentando no local, aquela gente bárbara teve que erguer um sistema de fortificações. Depois o vale foi absorvido pelos mochicas, povo que sabia como governar, e que ali chegara procedendo do norte. Dali em diante a cultura mudou. Os habitantes passaram a produzir cerâmica, peças de ouro fundido, tecidos de melhor qualidade e acima da superfície do solo. Levantaram templos, muitas fortalezas e estradas com muros.

Depois do ano 1000 da era cristã, ocorreu nova conquista — desta vez por tribos dos tiahuanacos adoradores de condores, serpentes e cabeças de puma...

Andoni que já não estava aguentando a caminhada. Deu outra parada e pediu um gole de **chicha** para reanimar. Estonteado, parecia avistar cidades construidas naquele deserto estéril. Cidade de pirâmides, de templos, de conjuntos residenciais, de ruas arborisadas, e amplos jardins. Vales extensivamente cultivados; canais de irrigação trazendo água das montanhas abaixo para os reservatórios de água...

—Logo vamos encontrar taças, pingentes, brincos, colares e coroas de ouro, Pachacuti!... — insistia Andoni.

O índio se limitava apenas a sorrir.

—Aqui, em 1577, um espanhol caçador de tesouro, derrubando algumas muralhas, encontrou muito ouro... — Prosseguia Andoni.

—É, pode ser...

E tome caminhada pela imensa estrada. Agora estreitada, marginada por muretas e perdendo-se de vista, no deserto varrido pelo vento.

Novos indícios de perturbação mental apareceram. O ex-religioso apontou uma pequena pedra chata, caida no chão:

—Olha um cavalo-marinho. Só não pego porque é de prata. Quero ouro!...

O nativo nem perdeu tempo em olhar. Prosseguiu. Estava é preocupado com a rajada de vento frio, que cortava como fragmento de vidro. E tinham que alcançar o local antes do cair da noite.

Andoni lento, andava como um mergulhador a caminhar com os pés apoiados no fundo do mar. Arrastava-os.

—Olha lá o cofre cheio! Finalmente estamos chegando. Dá para você enxergar?

Era uma colina, antes pegaram uma trilha que os deixou num túnel...

O nativo enfrentando rajadas de areia fina, no lugar de falar balançou a cabeça. Enquanto outra parada solicitada pelo chefe da expedição foi obedecida.

Um véu de bruma pesada se estendeu pela amplidão. A neblina caiu tão espessa que os dois tiveram que andar juntos, quase agarrados um no outro. Entraram num túnel.

—Estou ficando cego, Pachacuti! Acho que é a emoção de me aproximar do tesouro maior! Vamos diminuir o rítmo. Demorar um pouco mais aqui. Preciso de um descanso. Olha lá, como os índios adoradores do Deus-Sol, em torno das muralhas, nos acenam dando boas vindas!...

O local parecia ruínas de cidade perdida. Nas paredes corpos de pessoas embalsamadas, em várias posições. Alguns pareciam tocar tambores, outros estavam armados de tal forma que conservavam suas flautas nos lábios. Tinham invadido uma sepultura-residência, onde nela se mantinham horrorosos troféus de guerra. Aqueles corpos deviam estar ali por mais de duzentos anos.

Talvez na época em que os espanhóis invadiram Cuzco. Pois viam-se ao redor dos corpos, fragmentos incaicos de pedra, vasos, pregos feitos a mão e moedas espanholas que datavam do tempo de Carlos V. Peças de prata lindamente trabalhadas, lanças ponteagudas, e até uma lâmina de espada toda enferrujada.

Um ornamento de prata trazia em cima o nome de Francisco Carbajal — os nativos o chamavam: "Demônio dos Andes". Terrível degolador, capitão-general de Gonzalo Pizarro, durante a sua luta para o domínio do império peruano. Nem Mário ou qualquer outro general romano, conseguiu igualar a crueldade de Carbajal, que em qualquer oportunidade, revelava-se um mestre consumado. As árvores em cujos ramos enforcava suas vítimas, desde Quito até Potosi, deram testemunhas disso...

No chão, alguns fragmentos de ossos, ao lado de cacos de vasos e múmias espalhadas. Deitadas e sentadas. Mais corpos poderia ter, se os túmulos não tivessem sido saqueados. Muito antiga aquela Casa dos Mortos, primeiro fôra violado pelos próprios incas e depois por estrangeiros.

Novamente os sintomas de que a mente não ia bem.

Andoni sorridente, parecendo estar recebendo votos de boas vindas, dirigiu-se em direção da mão de uma das múmias indígenas acocorada, para cumprimentá-la. Chegou a tocar nos seus ossos. Pachacuti nervoso por estar já a algum tempo no meio dos mortos, não se conteve. Truculento, arrastou o ex-franciscano dali...

O álcool, ao invés de manter Andoni desperto derrubou-o. O ex-capuchinho ruminando seu bocado de coca, suava frio. Não parou de falar. Caiu exausto, desacordado mas prosseguiu delirando. O índio finalmente deu um basta. Mesmo porque se prosseguissem não chegariam a lugar nenhum.

Como não levaram os sacos de dormir, Pachacuti colocou o ex-franciscano nas costas e deu meia volta.

E mais uma vez teve que ouvir:

—Para onde me levas, índio infiel? Pensa no abismo desse infinito que nos cerca! Lembre-se, de todas as angustias dos inimigos, saturadas de desconfiança e de ódio, que lutaram até a morte nestes campos de guerra! Não queira ser mais um deles, inculto nativo, que deitaram-se a derradeira vez sobre o solo romano, para não ser nada mais do que cinzas!...

E prosseguia nos seus delírios, para desespero do espírito do protetor nativo: o inca Yupanqui Pachacutec. Que não mais gritava nem xingava, aflito, apenas aconselhava baixo. Quase sussurrando. Soprando no ouvido do nativo:

—Livre-se de uma vez desse traste maluco! Dessa carga inútil! Empurre o homem montanha abaixo...

## MULHERES FAMOSAS

Consultando sua memória, ao preparar-se para mais um capítulo da luta contra o nativo Pachacuti, o espírito de Sila, de boca amarga (havia melhorado um pouco) e fígado estragado, via passar todas as suas manias. Inclusive a que mais lhe agradava: a de arranjar coleções de inimigos.

O camponês plebeu, deparou com antiguíssimo discurso de Marco Pórcio Catão, no Senado, contra as novas modas de origem grega:

—Se cada um de nós senhores, tivesse conservado a autoridade e os direitos do marido no interior do lar, não teríamos chegado a este ponto. Agora, eis onde estamos: após haver aniquilado nossa liberdade de ação em família, a tirania das mulheres está pronta a destruí-la no Foro! Lembrem-se do trabalho que temos tido para manter nossas mulheres à mão e refrear-lhes a licensciosidade, enquanto as leis nô-lo permitiram. Imaginem o que acontecerá, daqui por diante, se essas leis forem revogadas e se as mulheres se puserem, ainda que legalmente, em pé de igualdade conosco!...

Tomou um fôlego e prosseguiu:

—Os senhores as conhecem bem. Façam-nas iguais e, imediatamente, elas lhes montarão às costas para governá-los. Acabaremos por ver o seguinte: os homens do mundo inteiro, que, no mundo inteiro, governam as mulheres, governadas pelos únicos homens que se deixam governar pelas mulheres — os romanos!...

O ano? 195 antes de Cristo.

Era a primeira vez na história de Roma, que as mulheres representavam um papel, tomavam uma iniciativa política: em suma, afirmavam os próprios direitos. No decurso de cinco séculos e meio, isto é, a partir de sua fundação, a história de Roma fôra só de homens, na qual as mulheres, massa anônima, representavam o papel de coro. As poucas mulheres cujo nome era conhecido: Tarpéia, Lucrécia, Virgínia, talvez nunca tenham existido, quem sabe jamais encarnaram personagens autênticos, mas eram monumentos à Traição ou à Virtude.

As mulheres não existiam senão na vida privada ou seja no círculo da casa, onde sua influência se ligava, exclusivamente, às funções de mãe, de esposa, de filha ou de irmã dos homens, se reuniram. E foram ao Foro solicitar que o Parlamento anulasse a lei imposta, pela qual proibia ao belo sexo, os adornos de ouro, os vestidos de cor e o emprego das viaturas...

—As mulheres! Vou dar mais uma chance a elas! Mas não as vaidosas e presunçosas, as charmosas e provocantes. Como Cleópatra e Messalina, ou como Quiteris, que fracassou diante do Pachacuti. Vou procurar outro tipo: as feridas! Aquelas fêmeas ávidas de vingança acumulada, talvez por séculos!...

Sila substimara ao citar Cleópatra como mulher comum. Egípcia de origem macedônica, grego era sua língua materna. Embora não tivesse um rosto angelical, de excepcional beleza, Cleópatra, possuia irresistível encanto. Seu comportamento, atitude e palavra tinham elegância e refinamento. Sua plástica perfeita exercia fascínio. A voz empolgava. Cleópatra sabia grande número de idiomas: o etíope, o hebraico, o árabe, o sírio, o meda, o parta e, sem dúvida, o latim e o egípcio...

De fato não deviam ser poucas, as mulheres revoltadas com a vida que levaram naquela época.

O imperador Cômodo, por exemplo, sempre embriagado, e que comprava adolescentes particularmente belos, não matava só os indíviduos cujo rosto lhe desagradava e pilhava descaradamente os cidadãos. Assassinou Crispina, sua esposa. E também Lucília fôra morta a seu mando.

—Márcia! Pode ser a primeira a ser convocada. Tem experiência...

Lembrou-se Sila, de uma das amantes de Cômodo, que preparou o assassinato do imperador, pondo termo às crueldades e à miséria que acabrunhavam o povo romano.

—E por que não, a vingativa Domícia? — Voltou a puxar a memória. — Esposa de Domiciano. O imperador roubou-a de seu primeiro marido, Élio Lâmia. Domícia jurando vingança juntou-se ao grupo que assassinara Domiciano...

Outras mulheres que poderiam ser convocadas para o plano sinistro que Sila pretendia desenvolver, envolviam a vida de Nero. Este tinha uma escrava liberta, Cláudia Actéia, como amante, que gerava constantes conflitos matrimoniais. Quando o imperado exprimiu a mãe dele o desejo de casar-se com ela, fez-lhe Agripina veementes censuras.

Nero, quando não matava mandava matar. Eliminou assim as esposas Otávia e Popéia, além da própria mãe Agripina.

—Tinha também a Cesônia! — Lembrou-se Sila. — Criatura que não era nem nem jovem e nem bela, mas libertina. Quando procurava a companhia de Calígula, a cavalo, vestia-se com manto de soldado, usava capacete e escudo. Por vezes ele a exibiu nua diante de seus íntimos. Acabou casando-se com ele, apesar do imperador ter eliminado várias delas...

Que fim teria levado tal mulher?

E Plautila, esposa de Caracala, morta por seu marido, indivíduo instável, cruel, amoral e de loucura assassina? Por onde andaria?... E ainda a Júlia Maméia, mãe de Alexiano, que foi proclamado imperador aos treze anos de idade. Imperador, Alexiano tomou o nome de Alexandre Severo. Maméia, "o governo de saia", mulher forte, dominou seu filho e, através dele, todo o império romano...

Sila poderia consultar também outras mulheres famosas, de melhor caráter. Quem sabe elas prefeririam regressar? Como Sabina, esposa do imperador Adriano, Ania Galéria Faustina — a divina Faustina, mulher de Antonino Pio. Júlia Domna, segunda esposa de Sétimo Severo. Síria bela, espirituosa e sábia. A inteligente e culta Plotina, esposa de Trajano. Otávia, jovem viúva de Gaio Metelo, dona de incomparável beleza. Sensível e inteligente. Lívia Drusila, mãe de Tibério e esposa de Augusto. Excelente conselheira do marido. Tão bela quanto sabia, foi uma das mais mulheres mais inteligentes de Roma...

Lívila, irmã de Cláudio, Vipsânia, mulher de Tibério. Fúlvia terceira esposa de Marco Antônio, Calpúrnia esposa de César. Vespásia Pola, mãe de Tito Flávio Vespasiano, as mulheres dele: Arrecina Tértula e a aristocrata romana Márcia Furnila. Galéria Fundana, segunda esposa de Vitélio. Herência Orbiana, esposa de Alexandre Severo. A bela e rica Lívia Ocelina.

A super-protegida Plantília. Cujo pai, o todo poderoso Plantino, homem brutal, temido e gatuno (desviava tudo para seu proveito, roubou até as zebras sagradas das ilhas do Mar Vermelho). Prefeito da guarda de Sétimo Severo, sedento de sangue, mandou castrar aristocratas romanos porque queria que todos os servidores da casa, e mestres de sua filha, fossem eunucos...

Zenóbia, "de cabeleira escura, dentes de deslumbrante alvura e grandes olhos negros reluzentes", segundo os cronistas da época. Mulher chefe de império, foi talvez a soberana mais extraordinária da antiguidade. Com o único fito de assegurar sua descendência, diz-no a História, permitia que seu esposo Sétimo Odenato a visitasse apenas uma vez por mês. Reinou de 267 a 272 depois de Cristo. Foi vencida por Aureliano. Presa por uma corrente de ouro, conduziram-na pelas ruas de Roma...

Quem sabe, seria mais uma mulher que gostaria de se vingar?...

Sêmis, Cenis, Terência, Clódia, Tulíola, Cossutia, Berenice, Catilínia, Domícia Paulina, Agripa, Aurélia Orestila. A bela Cornélia, filha de Cina. A própria Cina. Tinha ainda a jovem serva, Publília, que casou-se com Cícero. A bela grega Mônima, que muito chorara sua liberdade perdida, vítima de Mitídrates, fez-se apunhalar. E até mesmo a quinta esposa de Sila, Valéria, por que não?...

Enorme era o número de mulheres famosas romanas, que Sila poderia arriscar convocar para seu plano sinistro de eliminar o pacato Pachacuti. Restaria saber quem estaria disposta a voltar, para enfrentar a missão. E, se é que (como no caso dos militares), podiam.

Não dependia apenas de suas vontades...

## O SANTO PACHACUTI

O Deus Sol Inti, dos incas, foi generoso naquela manhã. Brilhantes, seus braços prometiam esquentar o dia inteiro. Com os raios solares vinham também os índios, seus chapés de feltro e ponchos coloridos, num turbilhão de cores, saltitantes alegres para a festa.

Pachacuti resolveu tirar seu amigo da cama. Custou para afastar o homem de olhar fixo, e como sempre, agarrado a pedra-mandala. Seu salvo-conduto para o passado. Quase arrastando-o como um cobertor velho, para que o corpo mofado e úmido do ex-capuchinho esquentasse um pouco.

—O que vai fazer, me matar?...

—Claro que não! Que idéia mais maluca, de onde tirou isso?

—Então vai me levar para tomar banho sulforoso na fonte de Albula, que jorra entre Roma e Tibur?

—Também não! Vamos assistir a uma festa aqui mesmo, no Peru. Vem, que eu ajudo o senhor a andar...

—Festa? Lá deve ter oradores, músicos, matemáticos, pintores e astrólogos! Será que Plínio o Moço, governador da Bitínia, no reinado do imperador Trajano, vai comparecer? E o Plínio Antigo?...

—Vamos ver, quem sabe...

Calmo, com voz tênue, o nativo pacienciosо tentava fazer com que o ex-franciscano perturbado, sonado e babando verde, aproveitasse a linda manhã. Ao menos que fizesse um pouco de exercício físico.

Uma procissão movia-se ao redor da praça, ostentando grande variedade de trajes e músicas. De vez em quando, um grupo detinha a marcha, irrompendo numa exibição de dança. Grupos folclóricos pulavam com máscaras ao rosto e fazendo mímicas para significar alguma coisa. Gente em rumorosa competição marchando de acordo com os sons que se misturavam.

—Está gostando?

—De que? Não vejo graça nenhuma...

Era o culto da Lua e das Estrelas. Cada mês tinha sua divindade especial. Havia a Canção da Colheita, com as danças da pequena maturação, da grande maturação e também do milho jovem. Havia o festival da Água, que dava as boas-vindas à chuva esperada e vindoura. A festividade mais mística era a do Sol, de **Inti-**

**Raymi**. Durante o período desse festival, os índios acreditavam que o Deus-Sol descia do céu, para permanecer breve tempo junto deles.

Na praça repleta de rostos morenos e cabeleiras escuras, como sempre, nas calçadas e sargetas as mercadorias. Muito ferro-velho exposto. Pratas e jóias. Crucifíxos, talheres, pratos, uma compoteira. Roupas, objetos decorativos e imagens de santos, ex-votos. Peças e mais peças com enferrujado aspecto de sucata.

A um canto, o velhote que vendia ponchos e chapéus, dormia a sono solto, apesar do barulho e do passa-passa das pessoas. A praça fervia de gente, e Andoni aproveitou para gritar, apontando para o acompanhante Pachacuti, chamando a atenção de todos:

—Este homem é um traidor da raça inca! Um renegado! Vive ofendendo vocês! Portanto, não merece estar aqui...

Na atitude via-se o traço do desesperado e insano tirano. Do espírito do invejoso imperador Lúcio Cornélio Sila. Pretendendo com a falsa acusação, que o povo feito matilha humana, partisse para a violência e acuasse Pachacuti, como um animal. O mesmo que Sila fizera com Mário, instigando a insandecida turba romana. Que sozinho e faminto, esgotado, vagava pelo país sobre o qual reinou. Foi preso pela gentalha de Sila, que o descobriu num pântano, atolado de lama até a cintura, com a cabeça oculta por entre ramos...

Andoni gritou, ofendeu por pouco tempo e em vão.

—É encosto...

Comentou uma índia.

—Está tomado...

Opinou outra **chola**.

Os índios mascando folhas de coca, apenas olhavam para ele, como a um bêbado a mais na festa com excesso de **chicha.** Ou algum louco. E prosseguiam nas suas diversões...

Bumbos, flautas e barganhas por toda parte. Os vendedores, nada agressivos. As vendas se processavam em silêncio absoluto, ou em voz bem baixa, a melhor maneira índia.

Um mestiço destoava falando mais alto:

—Legítimas, senhores...

Expunha peças de variados tamanhos, de bronze, pedra, barro, madeira. Por entre relógios, martelos, chaves de fenda e pregos. Mulheres gordas, baixinhas e cheias de saias movimentavam-se. Enquanto nas frigideiras chiavam tripas, linguiças e torresmos...

Andoni mudando rapidamente de atitude, perguntou se o vendedor não tinha dados para jogar (costume romano) e enjoado com o cheiro da fritura e já cansado — não andara quase nada — pediu para voltar. Pachacuti com ternura e em silêncio, cumpriu a ordem...

No regresso, ainda teve que ouvir muito do delirante:

—Você não tinha nada que me tirar da cama! Índio maldito!...

—Foi para seu bem, padre. O senhor precisava tomar um pouco de ar fresco...

—Estou exausto! Da próxima vez, se não arranjar outro escravo do seu tamanho, que me carregue em liteira, ponho você na corrente...

Já naquilo que restara da igreja-residência, o nativo, voltou à suas atividades comuns: plantar e cuidar de cabras e carneiros. Buscar água pura na fonte, colocar os cobertores no sol, fazer o aguardente de milho etc.

—Nada como estar novamente na minha **triclinium** (sala de refeição romana), na **cubicula** (quarto de dormir) e na **ninfeia** (sala guarnecida de banheiro)...

O sonado ex-padre, por várias vezes pedira (queria a todo custo), uma tina para tomar suas refeições no banho, igual ao hábito do imperador Cômodo. E como ele, que guardava numa taboinha os nomes daqueles que queria liquidar oferecendo figos envenenados, Andoni anotou o nome de Pachacuti num pedaço de papel e guardou no bolso.

Tomou uma caneca de aguardente de milho, misturada com chá de coca, contra o **soroche** — mal da montanha. E mascando, foi para a cama, em busca do seu mundo romano do passado, via pedra-mandala...

# LENDA ROMANA

Que notícias tinham levado? Que tristes informes da sua falange, acarretaram tamanha tristeza no romano Sila, quase desanimando-o?...

Pior do que aquelas de adivinhos profetizando no seu tempo de poder? Presságios maiores do que cometas rasgando o céu com suas curvas luminosas, trazendo destruição sem igual? Catástrofes à vista: terremotos que abalariam Roma, trazendo como desgraça maior a fome? Mais grave do que novos incêndios devastando o que restava da cidade? Cenas impossíveis como o rio principal que desviaria de seu leito? Mulher dando à luz a uma criança com duas cabeças? Serpente que tentara engolir-se a si mesma, no que só logrou êxito pela metade?...

Seria a notícia de que por mais que fizesse não conseguiria jamais derrotar o pobre nativo incaico Pachacuti?

Tal fato não representaria só desalento. Seria tenebrosa, terrível de mais para o orgulho do ex-imperador. Sila guardou a comunicação consigo. Reprovado ou não seu método de trabalho, um lutador romano não esmorecia tão fácilmente...

Foi mais profundo ainda, procurou entrar em contato com espíritos muito mais antigos. Devia ter alguns vagando por ali, talvez até de bem antes de Roma ser fundada....

Não acreditava na lenda de que sua cidade fôra fundada pelos dois irmãos Rômulo e Remo, tampouco de que uma loba os amamentara. A data considerada como a da fundação de roma constava de 753 antes de Cristo — mas havia túmulos etruscos por baixo do Forum romano, com data muito anterior.

Em todo caso rememorava a história pátria como lhe fôra transmitida:

Quando os gregos de Menelau, de Ulisses e de Aquiles conquistaram Tróia, na Ásia Menor, reduzindo-a a fogo e a sangue, um dos poucos defensores da cidade que puderam escapar foi Enéias, filho de Vênus. Carregando aos ombros uma mochila, repleta de seus protetores celestes, sem posses o pobre rapaz pôs-se a circular pelo mundo.

Depois de anos de aventuras e desventuras, desembarcou na Itália, onde subindo em direção norte, chegou ao Lácio Ai deposou a filha do rei Latino, que se chamava Lavínia. Fundou uma cidade, a que deu o nome da mulher e com ela viveu feliz e bem disposto, pelo resto da vida.

Seu filho Ascânio fundou a Alba-a-Longa e dela fez a nova capital. Ao fim de oito gerações, isto é, cerca de 200 anos após a chegada de Enéias, dois dos seus descendentes, Numitor e Amúlio, ainda se encontravam no trono do Lácio. Infelizmente, as pessoas se sentem em aperto quando ocupam, aos pares, um mesmo trono. Assim, certo dia, Amúlio expulsou seu irmão a fim de reinar só e matou-lhe todos os filhos, com exceção de uma menina, Réia Sílvia.

Porém, para evitar que essa desse ao mundo algum filho, ao qual pudesse vir a idéia, mais tarde, de vingar o próprio avô, ele obrigou-a a tornar-se sacerdotiza da deusa Vesta, isto é religiosa.

Certa vez, Réia, que fizera votos de não casar-se, mas que mal se resignava com a idéia de não fazê-lo, aproveitava-se da fresca à beira do rio, porque o verão estava terrivelmente quente. Adormeceu. Eis que, por acaso, passava por essas paragens o deus Marte, que descia por ali com frequência, seja para efetuar qualquer guerrilha, como era de seu mister habitual, seja para conquistar donzelas — sua paixão favorita.

Viu Réia Sílvia e por ela se encantou. E, sem até mesmo despertá-la, ele a engravidou...

Quando Amúlio soube disso, ficou encolerizado, mas não a matou. Esperou que desse à luz não somente um, mas dois meninos. Depois fez colocarem os gêmeos num pequeno cesto, que deixou à merce do rio para que, seguindo a correnteza, fosse o cesto até o mar e os afogasse.

Contudo, não pensou no vento, que soprava muito forte naquele dia e fez com que a frágil embarcação encalhasse a pequena distância dali, em pleno campo. Os dois bebês abandonados, que choravam ruidosamente, atrairam a atenção de uma loba, que acorreu para amamentá-los.

Esse é o motivo de ter-se tornado essa fera o símbolo de Roma, fundada mais tarde pelos dois gêmeos...

Mas para Sila, que não acreditava na lenda, havia uma outra versão. Um tanto maldosa e cheirando a mexericos de comadres. Essa loba não era de modo algum um animal, mas sim mulher. Uma tal de Acca Larentia, apelidada de a "Loba", devido a seu caráter selvagem e também pelas numerosas infidelidades com que acumulava o marido, um pobre pastor. Pois, se entregava ao amor, nos bosques com todos os rapazes da vizinhança...

Mas a história sobre a fundação de Roma não parava por ai. Os dois gêmeos receberam os nomes de Remo e de Rômulo, cresceram e acabaram por vir a conhecer sua história. Então retornaram a Alba-a-Longa, organizaram uma revolução, mataram Amúlio e repuseram no trono a Numitor.

A seguir, impacientes como todo jovem para realizar algo de novo, em vez de esperar para herdar de seu avô um treino já pronto. O qual, por certo, lhes seria deixado, partiram para um pouco mais longe, afim de construir para si mesmo um povo. Escolheram o ponto em que o cesto que os conteve encalhara, no meio das colinas, atravessadas pelo rio Tibre antes de lançar-se ao mar.

Novamente, como ocorre sempre entre irmãos, entraram em discussão quanto ao nome a dar à sua cidade. Em seguida, decidiram o seguinte: aquele que conseguisse ver maior número de pássaros ganharia a questão. Remo viu seis, e Rômulo, doze. A cidade por conseguinte, viria a chamar-se Roma, denominação em homenagem ao nome do vencedor.

Fizeram um sulco na terra para levantar os muros da cidade, jurando matar quem quer que os violasse. Remo, a quem a derrota deixara de mau humor, declarou que o tal muro não era sólido e, com um pontapé, derrubou a pequena parte feita.

Fiel a seu juramento, Rômulo, o assassinou ali mesmo com certeiro golpe de pá...

E como cresceu a população, depois que para lá foram outros moradores? Para tudo a lenda tinha uma saída:

A fim de conseguir mulher para si, e para cada um de seus companheiros, Rômulo organizou uma festa, sob o pretexto de celebrar o nascimento da cidade, convidando para a mesma seus vizinhos, os sabinos (ou quiritas), bem como seu rei Tito Tácio e especialmente as donzelas. Os sabinos vieram, porém, enquanto se encontravam muito ocupados pelas corridas a pé ou a cavalo, esportes que preferiam, seus hóspedes se apossaram das donzelas e expulsaram os homens a ponta pés.

É pois natural que, no dia seguinte, tivessem que enfrentar a ira dos irmãos e dos pais das mulheres que retornavam armados para recuperá-las. Os romanos se fecharam na fortaleza, porém cometeram um erro: o de confiar as chaves a uma de suas improvisadas esposas, Tarpéia. Que evidentemente não ficara satisfeita com o marido que lhe coubera. Tarpéia abriu uma das portas para os invasores, foi o suficiente...

Mais tarde, os romanos deram seu nome à rocha, do alto da qual precipitavam os traidores condenados à morte...

E tudo terminou, como não podia deixar em se tratando de italianos, por um gigantesco banquete. Comilança por dias, de armistício, onde as mulheres acabaram perdoaram seus raptores. Roma e Sabina, Rômulo e Tácio então juntaram as duas tribos e resolveram governar juntos com títulos de reis...

Tudo isso tinha se dado a setecentos e cinquenta e três anos antes de Cristo. Exatamente em 21 de abril, data festejada como natalício da cidade, nascida de um fratecídio. Os habitantes da cidade, fizeram dessa data o primeiro dia da história. Tornando-se a partir dali, Roma no centro do mundo. Em toda parte sua língua foi falada e suas leis respeitadas...

O espírito do irrequito Sila, não misturava deuses influentes como Venus e Marte, com a surgimento da sua cidade. Não acreditava numa pátria construida com o concurso de seres sobrenaturais.

E não podendo contar com contemporâneos, para dar um fim no índio Pachacuti, nem com aqueles que viveram bem antes, na sua busca incessante, o espírito de Sila estava disposto a avançar no tempo. Buscar o mais longe possível. Vasculhar as profundezas. Não importando de alcançar até o período das cavernas onde a península era povoada por alguns ligúrios, ao norte, e sicúlios, ao sul — gente de crâneo em forma de pera, que vivia um pouco em cavernas, um pouco em cabanas redondas, feitas de lama e excremento. Domesticando animais e se alimentando de caça e pesca.

Não conseguiu nas suas pesquisas, alcançar a idade neolítica. Somente chegou na península da Itália, quando esta não era ainda a risonha terra das vinhas e dos olivais, que mais tarde se transformaria...

Seu espírito desceu a uma áspera região de florestas e de pântanos em que pastores apascentavam o seu gado. Região, nos limites entre os latinos e os etruscos, onde não havia condições nenhuma de segurança. Com mudanças de governo constantemente, até que sendo expulsos de vez os etruscos por conduta tirânica, ficaram os romanos que a transformara Roma numa terra de língua latina.

Os etruscos eram mais bem armados, mais civilizados e mais numerosos. Tivessem os romanos lutado sozinho, por certo seria bem difícil vencê-los. Mas dois aliados colaboraram na vitória: os gregos de Siracusa e os gauleses.

Por esse tempo de úmbrios e sabinos, reinavam na Babilônia os sucessores de Nabucodonosor, Confúcio se achava à procura de um rei para reformar as desordens da China e Gautama já estava a pregar, em Benares, o caminho à seus discípulos...

Na convulsão de povos e nações que tudo arrasavam na passagem de suas tropas, os gauleses expulsando alguns inimigos e mesmo aliados, acabaram tomando conta de Roma. E o chefe dos gauleses que invadiram e saquearam a cidade chamava-se Breno.

O currículo do guerreiro foi conferido, nome todo, local onde nascera, especialidade de combate etc. O homem era destemido e competente. Violento. Lutador nato; inteligente e estrategista de primeira. Um vencedor...

—Tai, é esse o guerreiro que procurava! Finalmente achei! — Berrou Sila.

Buscas e mais buscas junto a falange no intúito de encontrar esse espírito considerado ideal, e outra decepção. Das maiores e naquela que talvez fosse a derradeira tentativa dc Sila, de acabar com o nativo Pachacuti.

A seu ver, o gaulês Breno, se tornara "imprestável". Depois de sucessivas reencarnações, o terrível homem, sem piedade do inimigo, tornara-se um não-violento. Alcançara estado de pureza de alma e retidão de caráter, tão altos, que não matava mais nem formiga...

## LENDA INDÍGENA

A luz, que pela madrugada era ouro com tons roxos no firmamento, rapidamente fez-se mel, até que a bruma tomou conta de todo o vale. Atingindo o platô cercado de colinas, cerros e montanhas; lages cinzentas, como floresta de colunas e nela pedras sobre pedras. Uma, representava o homem-puma. Criatura de corpo estilizado e cabeça de jaguar. Testemunha de um passado que se perdia nas dobras do tempo...

Ali, novamente a manifestação do além se fez presente:

—Alvíssaras! O inimigo está seriamente ferido! Doente internamente, não irá muito longe...

Os espíritos incas, parecendo receber ordens superiores, também estavam preferindo a moderação nos seus ataques pessoais. Evitavam palavrões. Não mais xingavam e quase não gritavam, mas o líder Yupanqui Pachacutec não suportou quando percebeu que as coisas melhoravam sensivelmente para o lado indígena.

No que restava da casa-igreja, disparou magra raposa curiosa, fugindo assustada qual uma sombra. Enquanto lagartixas de pardo esverdeado passeavam pelas paredes. Destacava-se a flagrância de ramos queimados. Fogo já aceso, Pachacuti pretendia sair rumo ao pasto, com a intenção de pegar uma ovelha para tosquiar, matar e levar na feira.

Enfrentar novamente a fila de índios acocorados. Desviar de burricos sacudinho orelhas espantando moscas e evitar pisar em tapetes, cerâmicas, amuletos, ervas medicinais espalhados no chão. Trombar com engradados de flores, gaiolas com pássaros...

Tinha que trocar suas mercadorias: pele e carne, com galinhas, peixes secos e o outras coisas mais que precisava.

—Vou preparar uma canja para o senhor. Levantará suas energias perdidas. — Exclamou afetuoso Pachacuti.

—Deixa-me em paz, índio maldito! Quero apenas viver com meus fantasmas... — Obteve como resposta, a voz pastosa do homem nervoso, embriagado e enfermo.

Confundindo o altiplano peruano com a faustosa Roma do passado, ameaçou:

—Você me paga, índio canalha! Velhaco! Vou queixar-me à Júlio César, que o Império Romano está ameaçado! Hoje mesmo chegam os valentes centuriões e a invencível cavalaria de Trajano...

O ex-capuchinho permanecia prostado na cama, vestido de terno, com sapatos e chapéu enterrado na cabeça. Suor frio escorrendo-lhe pela face cadavérica, entrando pelos olhos, turvando-lhe a visão. Pêlo duro do cabelo sujo e emplastado cobrindo as orelhas, roupas velhas, amassadas e sebosas. Feito defunto-vivo, não tinha forças nem para buscar a pedra mágica. Pediu folhas de coca, um trago de **chicha**, e implorou para que o índio levasse até ele a pedra-mandala.

No rumo da feira, pesada mochila nas costas contendo pele e carne de ovelha, ainda encontrava alguém para atrapalhá-lo. No meio de vicunhas saltando graciosas como gazelas, um índio punha-se a sua frente, cercando-o, tentando convencê-lo a comprar uma cria de puma. O prestativo Pachacuti caminhando rapidamente, pôs-se a lembrar da lenda em que todos por ali acreditavam.

A aldeia e toda aquela região, era onde segundo as velhas tradições, o deus Viracocha terminou sua obra criadora, depois da grande inundação que assolou o mundo. Quando a água subiu durante sessenta dias e cobriu a terra, aquelas montanhas flutuaram acima das núvens.

Quando as águas baixaram, Viracocha desceu também. O deus voltando sobre a terra, mais precisamente naquelas montanhas, apiedando-se dos homens que erravam sem dirigente ou pastor, deu-lhes como soberanos e mentores, seus próprios filhos: Manco Capac e sua irmã Mama Oclo. Os primeiros incas.

Após haver criado, apenas para experimentar, um mundo sinistro sem sol nem estrelas, Viracocha Pachacaiachi, o "Criador de todas as coisas", percorreu as imensas estepes nuas e áridas dos planaltos. E deu também origem a uma raça de gigantes, pesadões e rústicos, que fez surgir das pedras pintadas.

Observando que esses monstros eram maiores do que ele, pensou: mais vale não criar homens tão grandes. É preferível que sejam do meu porte. Eis porque Viracocha criou os homens à sua semelhança, tais como existem em nossos dias. Mas eles estavam na escuridão, sem sentimentos.

Viracocha ordenou então, que suas criaturas vivessem em boa harmonia, respeitassem a moral, o honrassem e servissem. Uma parte, porém, sucumbiu ao orgulho, a inveja, entregou-se à devassidão e violou as leis divinas. Furioso, o deus os dispersou e amaldiçoou; muitos foram transformados em pedras ou em animais. Outros mais numerosos ainda, desapareceram nas entranhas da terra, ou morreram afogados nas ondas do oceano...

—O padre Andoni deve ser uma dessas ovelhas desgarradas do rebanho. Ou então, por que não, um daqueles "homens de pele branca e barbados" que o deus Viracocha disse, que no tempo devido, ele próprio enviaria como mensageiros, para dissipar os equívocos e proteger suas criaturas? Andoni não pode morrer. Tenho que salvá-lo...

Disse baixo o bondoso Pachacuti acelerando o passo, para que o mais breve possível a canja estivesse pronta e fumegante.

## O DESASTRE FINAL

Andoni olhando de relance num pedaço de espelho do índio Pachacuti, não reconheceu seu rosto. Do jovem que era, nada mais restara. Passara a ter fisionomia mais velha que a do índio. Cabeludo e barba cobrindo o pescoço. Feição chupada, a pele seca e encarquilhada. Suado e sujo, não mais se banhava, não trocava de roupa e nem sequer escovava os dentes, agora totalmente esverdeados. Chapéu, paletó e calça, do preto original, transformaram-se num encardido desbotado acinzentado.

Pisoteou o espelho reduzindo-o a cacos e saiu em busca da mandala...

Pachacuti pela primeira vez chamou a atenção do ex-religioso. Homem que além esquecer seu projeto de procurar o rio Amazonas e o calor da selva, nem mais rezava:

—O senhor não pode continuar assim. Eu uso bebida e folhas de coca, além da pedra, para entrar em contato com meus ancestrais, a cata de vestígios do passado, mas faço outras coisas. Ando, transpiro, trabalho. Devoro nacos fumegantes de carne de carneiro, batata-doce, abóbora e espigas de milho cozidas.

O franciscano tentou interrompê-lo e o nativo não permitiu:

—O senhor come o que, e faz o que? Alimenta-se pouco e quase não mexe o corpo. Permanece sentado dia e noite, como uma múmia, enfraquecendo-se lentamente. Vai morrer e eu vou ficar com a consciência pesada. Para que tal não aconteça vou esconder a minha pedra-mandala...

—Não se atreva a fazer isso, por favor! Ela é hoje, a razão da minha vida! Preciso apenas de mais uma chance. Estou tentando viajar definitivamente para o passado através dela. Para antes ou depois de Cristo, não importa. Calma, é questão de tempo. Estou quase alcançando os meios de ficar de vez nos tempos romanos, de onde não posso mais me libertar... — Concluiu.

—É, na verdade, continuando assim, o senhor qualquer dia não volta mais... — Arriscou.

Lastimava-se Pachacuti. Inconformado pelo fato do homem babando, olhos arregalados, já no estado de loucura avançada, querer trocar a existência agradável que poderia ter na calmaria andina, no meio de gente simples, para cair no borburinho de um passado tenebroso por entre guerras intermináveis, comandadas por déspotas e tiranos. Ditadores loucos, bárbaros, monstruosos e sanguinários.

Bastou o inocente e bondoso nativo aconselhar Andoni (primeira vez em que se atreveu), para o ex-religioso ver no aconselhante, a imagem do terrível rei Sapor I. Que em 260 depois de Cristo, abalou o mundo com uma emoção profunda: transformou o imperador Valeriano num morto-vivo.

Até a morte do infeliz imperador, o rei Sapor I tratou Valeriano como um escravo...

—Não vou ser subjugado por você, Sabor I, satanás miserável, que quer destruir meus ídolos romanos! Jamais!...

Pachacuti não entendeu porque o padre o chamou por aquele nome. Simplesmente virou as costas e caminhou para concluir seu trabalho no campo. Disposto a nunca mais incomodá-lo.

Diante da pedra-mandala, olhando bem no centro do desenho, Andoni tentando penetrar no mundo romano de distante passado acabou alcançando Bagdad. Construída, em grande parte, com pedras extraídas das pedreiras perto das margens do Tigre, a trinta quilômetros da cidade. Lá é que se elevavam as ruínas grandiosas de um esplêndido palácio, com imensa sala de recepção cujas abóbodas tão altas causavam vertigens aos visitantes...

Perto do palácio, jaziam os escombros de uma aglomeração desaparecida e os construtores de Bagdad haviam-se servido, com toda a liberdade, dos maravilhosos materiais de construção que encontravam ao alcance da mão.

Ctesifonte tinha sido a residência de inverno dos reis partas e o grande sassânida Sapor I, ali mantinha sua corte de maneira permanente. Segundo grande rei da dinastia dos sassânidas, queria realizar o sonho de seu pai, Ardaschir, que nutrira a ambição de reinar “sobre a terra inteira”...

De um dinamismo, de energia excepcional, organizador de primeira ordem, tinha Sapor I uma idéia muito nítida e consciente do alvo que queria atingir. A realização de um império universal. Um persa dominando a Ásia e a Europa, não passaria de um sonho? Jamais para o rei Sapor I.

Como seu pai Ardaschir, era Sapor I, adorador do fogo; seus sacerdotes, os magos, falavam em oráculos e magias. Das torres que se erguiam sobre as colinas, subiam nuvens de incenso. Ahuramazda, o deus invisível, tinha a seus pés um imenso império, concreto, materializado, e o espírito de seu profeta Zaratustra celebrava sua ressurreição no novo império persa.

À lista dos seus livros sagrados, Sapor I, acrescentou trabalhos científicos, obras médicas e astronômicas da Índia, da Grécia e de outros paises. Diferente dos demais, o grande rei persa possuia uma cultura universal.

Todo homem que naquela época ambicionava instaurar uma potência mundial, via-se obrigado a levar Roma em conta, ou mais exatamente, vencê-la. Bom estrategista que era, não ignorava Sapor I que para começar, precisava libertar-se da ameaça que lhe pesava no lado direito, isto é a Armênia.

No ano de 252 depois de Cristo, o rei da Pérsia invadiu aquele montanhoso país. Tendo que alguns membros da realeza armênia procurar refúgio entre os romanos, enquanto que outros da casa real submetiam-se aos invasores. Medo do rei Sapor I não era o móvel único que levava outros povos à submissão. Os homens eram atraídos e como que fascinados, pelo renascimento e pelo ardor da fé em Ahuramazda e em seu profeta Zaratustra.

A queda da Armênia abriu uma perigosa brecha nas linhas fortificadas a leste do império romano. Sapor I atacou a Mesopotâmia. Pilhando e saqueando à sua passagem, as tropas do rei invadiram a Síria, sitiaram Antióquia e atravessaram a Capadócia. A cidade de Tiana foi tomada de assalto e Cesaréia invadida...

O imperador romano Valeriano, que passara dos sessenta anos, experimentava as maiores dificuldades em enfrentar a grave situação. A catástrofe surpreendera-o no momento crítico em que godos e boranos multiplicavam suas agressões e piratarias, tanto em terra como no mar.

Tudo indica, que o cansado imperador obteve algumas vitórias sobre os persas, pois foram cunhadas medalhas no ano de 259 trazendo inscrições celebrando esses altos feitos. Mas Valeriano, hesitante, sentia-se amarrado pela angústia e pela incerteza do dia seguinte...

Até que os persas atacaram Roma e de forma estranha. Invadiram a cidade fortificada de pedras, cavando galerias subterrâneas. Numerosos combates ocorreram debaixo da terra.

Em meio a esse tremendo perigo, enviou o céu mais um flagelo contra os romanos, o que aumentou a miséria e os perigos. A peste dizimava as legiões do imperador Valeriano. Enquanto seus soldados, como que estrangulados por mão invisível, caiam aos milhares, o velho imperador interrogava a si mesmo. Por que descarregavam sobre Roma tal punição?...

Teve então Valeriano na sua angústia, a idéia diabólica de punir os cristãos, porque era preciso encontrar alguém responsável para o trágico destino. Pensava assim, reconciliar-se com o céu e acalmar as cóleras dos antigos deuses de Roma.

Os cristãos no entanto, rezavam com fervor pela vitória do imperador. Mas era a seu Deus que imploravam. Interrogado pelo governador romano da província da África, Cipriano, bispo da Cartago, declarou:

—Sou cristão. Não conheço outro Deus senão o Deus revelado. Nós, servimos a ele e imploramos dia e noite que salve a humanidade e proteja o imperador...

Cabeças leais caíram sob o machado do carrasco. Grande foi o número de crentes executados. Na catacumba de Pretextato, o bispo de Roma foi massacrado enquanto celebrava missa. O diácono Lourenço foi martirizado até que a morte o libertasse. Em Cartago, condenaram Cipriano à morte pela espada. Enquanto em outro local, o bispo Frutuoso morria como mártir.

—Eis o que acontece quando não se veneram mais os deuses e quando se recusa uma piedosa saudação diante da face divina do imperador! — Gritava o juiz romano para o bispo, durante seu suplício.

Enquanto Valeriano massacrava cristãos, mostrava-se encapaz de deter o avanço dos persas. De persa e peste.

Sapor I investia contra tropas romanas enfraquecidas pela epidemia; soldados famintos, esgotados, desmoralizados e sem coragem. Compreendiam os combatentes que o próprio imperador perdera toda a esperança.

No derradeiro momento, tentou ainda o imperador romano uma saída. Pedir paz graças a fortíssima soma em dinheiro oferecida. Não adiantou. O astucioso Sapor I, que tinha excelente serviço de informações, nada ignorava da situação catastrófica de Valeriano.

Depois de ter recusado conversações de armistício Sapor I fingiu ceder. Aceitou participar de uma conferência na condição de que o imperador se apresentasse a ele em pessoa. Sem desconfiar, dirigiu-se Valeriano ao acampamento inimigo, onde foi feito prisioneiro. Se consistia o ato desleal um atentado às leis de guerra, pouco interessou ao rei Sapor I. Intitulado pelos seus súditos — o germe divino dos deuses...

Tornando-se pois, o imperador Valeriano prisioneiro dos bárbaros...Vivo, mas cativo. Escravo, humilhado e coberto de vergonha...

Tal foi a situação lastimável do imperador perante o Império Romano. Nunca o povo podia imaginar ter tão alto mandatário prisioneiro.

As notícias do fato inédito se propagaram com velocidade surpreendente. Percorriam distâncias enormes, explodindo como trovão. Caindo sobre exércitos e sobre todas as províncias romanas, que custavam acreditar....

Numerosas cidades como Tarso e Cesaréia, as capitais da Cilícia e da Capadócia, cairam também em mãos inimigas. E em Paflagônia, no norte da Ásia Menor, os cavaleiros persas atingiram as costas do Mar Negro.

Um desfile interminável exibia a marca da humilhação: as famosas tropas romanas derrotadas, pisoteadas. Prisioneiros se arrastando pelas estradas desertas, e uma vez por dia, somente, como gado, levavam-nos ao bebedouro...

Dali em diante, até a sua morte, foi Valeriano tratado pelo rei Sapor I como vil escravo. Mandava-o a passeio, acorrentado e quando o rei colocava o pé nos estribos para cavalgar seu animal, devia o imperador romano estender-se no chão, de bruços, enquanto Sapor I lhe pousava um pé nas costas...

—Isto é também vencer! — Exclamava o persa, rindo. — E não somente pintar vitórias nas paredes como vocês fazem...

Tal foi, até o fim de sua existência, o tratamento infligido ao imperador de Roma. Após a morte do cativo Valeriano (sempre por ordem do terrível e cruel Sapor I), seu corpo foi empalhado, besuntado de vermelho e exposto num templo "para vergonha eterna de Roma"...

O ex-religioso Andoni, barba enorme, imensa cabeleira presa numa coroa de louros, fizera do lençol em trapo, um longo manto até o tornozelo. Como profeta envergando idumentária gasta, rota dos pés à cabeça, tropeçou e reergueu-se. Transformado num apóstolo do caos; alucinado, febril e tremendo de frio, fugiu para sempre, falando sozinho:

—Não contente em roubar todo o ouro de Roma, esse miserável Sapor I, ainda quer ficar com a minha pedra-tesouro....

Descalço, mal podia equilibrar-se de pé, tal a fraquesa. Auxiliado por pedaço de pau a guisa de bengala, pisoteava com dificuldade sobre ásperas pedras do caminho. Com outra mão agarrava a mandala junto ao peito.

Guiado pelo espírito de Sila, sentia-se como um potente guerreiro aclamado pela multidão. Abrilhantado por vistosas plumas e a dourada armadura dos pretorianos, que constituiam a invencível Guarda Imperial romana. À sua saída, o espírito do inca Yupanqui Pachacutec não resistiu e gritou:

—Vitória! Perdemos algumas batalhas, mas finalmente conseguimos ganhar a Guerra dos Espíritos! Expulsando o invasor de nossas terras, e usando como arma, apenas o vício...